एक सेक्स वर्कर की आत्मकथा

नलिनी जमीला

राजपाल

अनुवाद
रचना भोला 'यामिनी'

ISBN : 9788170287339

संस्करण : 2014 © नलिनी जमीला

EK SEX WORKER KI AATMKATHA (Autobiography)
by Nalini Jameela
Originally published in Malayalam by DC Books

राजपाल एण्ड सन्ज़

1590, मदरसा रोड, कश्मीरी गेट-दिल्ली-110006
फोनः 011-23869812, 23865483, फैक्सः 011-23867791
website : www.rajpalpublishing.com
e-mail : sales@rajpalpublishing.com
www.facebook.com/rajpalandsons

मेरी यह पुस्तक

वर्ष 2001 में मैंने तय किया कि मैं अपनी आत्मकथा लिखूंगी। इस निर्णय के पीछे भी एक बात है। मेरी यह आदत है कि मैं जब भी कोई बात बोलती थी तो उसमें अनजाने ही अपनी ज़िन्दगी के प्रसंग ले आती थी और बोलती ही जाती थी। 'ज्वालामुखी' में मेरे साथ काम करने वाली साथी, जैसे पालसन और मैत्रेयन, अक्सर कहते कि मैं इस सब को अपनी बक-बक के साथ खत्म क्यों कर देती हूं, इसे लिखती क्यों नहीं? यह कहानी बन जाएगी। पालसन कहते थी कि इसकी एक कहानी लिखी जाय, जब कि मैत्रेयन का सुझाव था कि इसे आत्मकथा बनाया जाय। सच कहूं, तो मुझे इन दोनों का फर्क ही पता नहीं था। उसके बाद एक बार मैत्रेयन के घर में एक वीडियो वर्कशॉप के दौरान बातचीत में उसने फिर कहा, ''तुम्हें अपनी आत्मकथा ज़रूर लिखनी चाहिये।'' मैंने कहा कि यह मेरे लिये मुश्किल काम है, मुझसे नहीं हो पाएगा।

यह सुझाव फिर भी मेरे पास बार-बार आता रहा और आखिरकार मैंने 2003 में तय कर लिया कि मैं आत्मकथा लिखूंगी। एक 'आनन्द उत्सव' मनाने की योजना के दौरान राजशेखरन जी ने मुझे एक तरीका सुझाया। वह एक पत्रिका *सैवी* के लिये काम करते हैं और हमारे सहयोगी दल के सदस्य हैं। उन्होंने कहा कि मैं एक पन्ना रोज़ लिखूं। छोटे-छोटे नोट्स से शुरू करूं, बाद में हम उसे विस्तार से लिख सकते हैं।

मैंने उनके बताए हुए ढंग से शुरू किया। मैं सबेरे जल्दी उठती थी और कोशिश करती थी, लेकिन यह सिलसिला भी कुछ वाक्यों के बाद आगे नहीं बढ़ पाया। 'मैं नलिनी हूं। मैं अम्बाल्लूर के पास काल्लूर में पैदा हुई। मैं उनन्चास साल की हूं' मैंने इतना कुछ अपनी नोटबुक में लिखा। वह नोटबुक मेरे एक ग्राहक के हाथ लग गई। उसने पढ़ा और वह भाग खड़ा हुआ। इस घटना के बाद, लिखने की मेरी पहली कोशिश बंद हो गई।

लेकिन तब तक बहुत से लोगों के कान तक यह बात पहुंच चुकी थी कि मैं आत्मकथा लिखने की तैयारी कर रही हूं। तब गोपीनाथ जी ने वर्ष 2004 में मुझसे कहा कि वह मुझसे बातचीत करके उसके आधार पर मेरी आत्मकथा लिखेंगे। वह त्रिसूर में केरल सोशल फोरम से जुड़े हुए हैं। मैंने यह प्रस्ताव मान लिया। एक साल के

दौरान, हमने एक दर्जन से ज्यादा ऑडियो टेप्स में अपनी बातचीत रेकॉर्ड की। बदकिस्मती से उसमें से कई कैसेट्स खो गईं और गोपीनाथ जी को केवल याददाश्त के भरोसे बहुत कुछ लिखना पड़ा।

किताब को छपकर देखने के उतावलेपन में हमने उसे ठीक-ठाक करने में उतना समय नहीं लगाया, जितना ज़रूरी था। इसीलिये, मैंने तय किया कि मैं इसको सुधार कर फिर लिखूंगी।[1] मेरे बहुत से दोस्तों ने इस काम में सहयोग दिया और पूरी कोशिश इस बात की रखी कि इसके सुधार से इसका स्टॉइल बेमेल न हो जाय। मैं सचमुच उन सबका और गोपीनाथ जी का धन्यवाद करती हूं जिन्होंने भरपूर मेहनत से मेरी आत्मकथा को किताब के रूप में लाने के लिये अपना सहयोग दिया।

बहुत से लोगों ने मुझसे पूछा कि क्या मुझे इस आत्मकथा में ऐसे बदलाव करने चाहिये थे? मुझे नहीं पता कि दुनिया में ऐसी बातों के लिये कोई नियम बनाए गये हैं या नहीं, जो सब पर लागू होते हैं। अगर हैं भी, तो शायद मैं वह पहली व्यक्ति होऊंगी, जो इन नियमों को बदल के चलेगी...ठीक है, यही सही। वैसे भी, जब मैं देह-व्यापार में उतरी, तब भी तो मैंने एक विधान तो तोड़ा ही...। जब मैंने पुस्तक के प्रकाशक श्री रवि डी.सी. से बात की, वह नया बदला हुआ संस्करण छापने को तैयार हो गये। मैं अपनी इस आत्मकथा को अपने अनुसार एकदम ठीक निकालने के लिये कुछ भी करने को तैयार हूं। मैं उन सबकी शुक्रगुज़ार हूं जिन्होंने मेरी मदद की है। खासतौर पर मैं गीता कृष्णा कुट्टी जी का आभार प्रकट करती हूं, जिन्होंने इस पुस्तक को पढ़कर इसमें बदलाव के सुझाव मुझे दिये।

—नलिनी जमीला

---

1. नलिनी जमीला की आत्मकथा का पहला मलयालम संस्करण वर्ष 2005 में छपा था और उसके बाद सौ दिनों के भीतर ही इसके छह संस्करण छपे और इसकी 13,000 प्रतियां बिकीं। अब यह हिन्दी में पहली बार उपलब्ध है।

1

मेरी सबसे पहली याद : मैं दो-ढाई या तीन साल की थी। मेरी यादों में पिताजी की मां की एक तस्वीर बसी है। वे चल नहीं सकतीं, इसलिए हाथों-पैरों के बल रेंगती हुई हमारी ओर आ रही हैं। यह देख मेरा छोटा भाई चिल्ला रहा है लेकिन दादी के प्यार का प्याला लबालब छलक रहा है और वे एक लोरी गाने की कोशिश कर रही हैं। वो नब्बे साल की थीं। मैं भी डरी हुई थी पर जब पिताजी ने बताया कि वो हमारी दादी मां हैं तो यह सुनकर मुझे कुछ चैन आया। जब मैं चार-पांच साल की हुई तो मेरा यह डर जाता रहा। इस दृश्य की छाप मेरे मन में बसी है :

पिताजी की मां, एक चौपाए की तरह, एक चीखते हुए नन्हें बच्चे को गले से लगाने की कोशिश कर रही हैं।

स्कूल

चेट्टन का स्कूल में पहला दिन था। हमारे यहां बड़े भाई को चेट्टन कहते हैं। वह स्कूल से लौटा तो अपनी नई स्लेट पर लिखने लगा। मुझे भी उसी समय स्लेट चाहिए थी। मैं चार साल की थी और भाई छह साल का। मैंने स्लेट के लिए काफी ज़िद की, हो-हल्ला मचाया पर वो मेरी पहुंच से परे रही। मुझे ज़बरदस्त हंगामा मचाना आता था, मैंने स्लेट छीनकर फर्श पर फेंक दी, पर इसी बात के लिए पिताजी से पिटाई भी खाई।

मैं इतना तूफान मचाती थी कि मुझसे छुटकारा पाने के लिए, मां-बाप को भाई के स्कूल में ही मेरा दाखिला करवाना पड़ा। पहले दिन उसने मुझे मेरी कक्षा में छोड़ा और अपनी कक्षा में चला गया। मैं वहां नहीं बैठी, लोहे के दरवाज़ों के पास एक खंभा था, उसी के पीछे खड़ी हो गई। अध्यापिका कक्षा में आईं तो मैं वहां से नदारद थी। भाई से पूछा गया—उसने कहा कि वो तो मुझे कक्षा में छोड़ आया था! एक बच्चा गायब! अध्यापिका के तो होश उड़ गए। मैं वहाँ दीवार के पास खड़ी बरसात में भीग रही थी। आखिर में उन्होंने मुझे खोज ही लिया और कक्षा में ले

गईं। इस तरह स्कूल से लगने वाला डर भी जाता रहा। वे सफेद साड़ी में थीं। उन्होंने इस बात का ध्यान रखा कि कोई भी मुझे न सताए। अगर मैं सही ढंग से लिखती, तो वे कहतीं—अच्छी लड़की! उस समय मुझे जो खुशी मिलती, मैं उसे शब्दों में नहीं बता सकती।

जब मैं नौ साल की हुई तो मेरी पढ़ाई खत्म हो गई। जिस स्कूल में मैं पढ़ती थी, वहां सिर्फ चार कक्षाएं ही थीं और मुझे लगता था कि मैं चार कक्षाओं तक तो पढ़ ही सकती हूं।

पिताजी के बड़े भाई की पत्नी 'वलयम्मा'। वे ही घर के सभी फैसले लेती थीं, जो कि मुझ पर भी लागू होते थे। उन्होंने कहा, ''यह लड़की तीसरी तक पढ़ चुकी है, इसे अब और स्कूल भेजने की ज़रूरत नहीं है।'' मुझे इसकी वजह याद नहीं है। पिताजी ने कहा—''इसे एक साल और जाने दो, अभी तो ये सिर्फ नौ साल की है।'' वलयम्मा ने अपनी बात पर ज़ोर देते हुए कहा—''बस बहुत हुआ, इसने धान का हिसाब रखने लायक पढ़ाई सीख ली है,'' उनका मानना था कि लड़कियों को बस धान रोपने व काटने का हिसाब रखना आना चाहिए, यही काफी है। पिताजी ने बहस करने की कोशिश तो की पर सच तो यह था कि उन्हें अपनी ज़िम्मेवारी का कोई एहसास तक नहीं था। मां ने ही मुझे स्कूल भेजा। चूंकि ताई अपनी बात पर अड़ी थीं इसलिए पिता जी ने कहा कि उस साल मेरी पढ़ाई की किताबें नहीं खरीदी जाएंगी। मैं पढ़ना चाहती थी पर पिताजी से यह कहने की हिम्मत नहीं थी और घर में मां के फैसलों को पूछता ही कौन था।

स्कूल छोड़ने के बाद, जब भी मैं घर से निकलती तो पापड़ बनानेवालों के घर तक, हाथ में थैला थामे, ऊंचे पुश्ते पर उछलकर चढ़ती और कूदती, खिलखिलाती और खुश रहती लेकिन ज्यों ही स्कूल दिखाई देता, मैं रो पड़ती। मैं चीख-चीख कर हल्ला मचा देती। स्कूल न जा पाने के दर्द को कह न पाने की वजह से, सिर पर दोनों हाथ रखकर, फूट-फूट कर रोती।

लोग आस-पास जमा हो जाते और पूछते—'क्या तुम्हारे पैसे या कोई सामान खो गया है?' मैं आंसुओं की ताज़ी बाढ़ के बीच जवाब देती—'नहीं, मेरे पैसे नहीं खोए मुझे स्कूल नहीं जाने दे रहे इसलिए मुझे रोना आ रहा है,' वे मुझे समझाने की कोशिश करते—''अब तुम स्कूल जाने के लिए काफी बड़ी हो गई हो, तभी पिताजी तुम्हें वहाँ नहीं भेज रहे,'' मैं लगातार दोहराती—'मैं पढ़ना चाहती थी। मुझे अंग्रेज़ी पढ़नी है।'

फिर उसके बाद अपने-आप रोना बंद कर देती। ज़रूरत का सामान खरीदती और घर लौट जाती। अगले दिन यही सब फिर से होता। मुझे राहगीरों का ध्यान

अपनी ओर खींचना अच्छा लगता था। जब भी कोई सामान खरीदने निकलती, तो रास्ते में रोने लगती।

जब यह आदत बन गई तो सबके लिए सिरदर्द हो गया। जब मेरी तरफ कोई न देखता तो मैं चुपचाप लहंगे से आंसू पोंछती और आगे चल देती। आज भी वो समय याद करती हूं तो ऐसा लगता है कि कोई बहुत भारी नुकसान हो गया हो, आज भी उसकी दर्द-भरी कसक महसूस होती है। फिर जब वो रोना-धोना, नाटकबाज़ी, पहले का शोर-गुल और बाद में लोगों की बेपरवाही याद आती है तो हँसी रोकना मुश्किल हो जाता है।

घर

उस समय हमारे पास तीन सोने के कमरे, दो बारादरियों और एक रसोई समेत काफी बड़ा घर था। उसकी छत भी झुकाव लिये हुए थी इसलिए मैं यही सोचती थी कि मैं सचमुच एक अच्छे घर से हूं।

घर के तीनों ओर खुले बरामदे थे, जिनमें बाहरी दीवारों के अंदर बैठने का इंतज़ाम था। बरामदे के पास ही पानी से भरा बड़ा-सा बर्तन पड़ा रहता। घर में आने वाले हर आदमी को सीमेंट के पक्के फर्श पर पांव रखने से पहले अपने पांव धोने पड़ते। पहला कमरा पिताजी का व उससे अगला भाई का था। उसके बाद एक कमरा था जिसमें सारी औरतें सोती थीं। इसके बाद एक भण्डार और रसोई थी। हमारे कमरे और भण्डार के आगे एक दूसरा बड़ा कमरा था। रसोई घर-बाकी घर जितना बड़ा था।

उस मुहल्ले में हमारे जैसा बड़ा घर कम लोगों के ही पास था। जब मैं बाद में, मिट्टी की खान में काम करने लगी तो लोग मेरी ओर इशारा करके कहते, 'उस बड़े घर की लड़की।' जब मैंने पहली बार यह सुना तो मुझे लगा कि वे बनावट के लिहाज़ से घर को बड़ा कह रहे हैं। बाद में, इस बारे में सोचने पर मुझे लगा कि मैं एक जाने-माने इज़्ज़तदार घर से थी।

वह घर मेरे पिता ने बनवाया था। वे उन सिपाहियों में से थे, जिन्हें देश आज़ाद होने से ठीक पहले सेना से अलग कर दिया गया था। फौज छोड़ते समय जो पैसा मिला, उसी से उन्होंने मकान बनवाया। उन्हीं रुपयों की वजह से वे अपने-आप को काफी अमीर मानते थे।

जब तक मां धागा मिल में नौकरी करती रही, घर में काफी पैसे आते रहे। उन दिनों धागा मिल के सुपरवाइज़र को अच्छी तनख्वाह मिलती थी। पिताजी कम्युनिस्ट पार्टी के लिए काम करने लगे तो माँ को काम से निकाल दिया गया। मेरे वलयच्चन

(पिता के सबसे बड़े भाई) के बेटे को भी इसी वजह से नौकरी से हाथ धोना पड़ा।

परिवार में हम दूसरों के सहारे जी रहे थे। हालांकि मकान पिताजी ने बनवाया था लेकिन हमें वलयच्चन और दूसरे लोगों के रौब तले रहना पड़ता था। यहां तक कि हफ्ते भर के चावल व राशन के सामान की फेहरिस्त भी वलयम्मा ही बनातीं।

पिताजी अपने अक्खड़पन के बावजूद घर में दब्बू बने रहते। जब वलयच्चन बीमार पड़े तो उन्होंने ही दोनों घरों की देखभाल की। वे और वलयम्मा ही सारे अहम फैसले लेते। इस तरह पूरे घर पर धीरे-धीरे वलयम्मा का राज हो गया। मां को तो यूं भी बहुत कम अहमियत दी जाती। मेरे दिमाग में अक्सर एक तस्वीर उभरती है—वलयम्मा हुक्म दे रही हैं और पिताजी चुपचाप उनका कहा मान रहे हैं।

हमारे घर के हालात बिगड़ने लगे। जब मां को पैसा मिलता था तो वह चावल और खाने-पीने के सामान के साथ घर लौटती, लेकिन अब ऐसा कर पाना मुश्किल होता जा रहा था।

कुछ समय तक वलयम्मा घर खर्च का रुपया देती रहीं। उसके बाद मां की एक बहन ने कुछ समय तक हमारी मदद की।

वे दोनों ही हमारे घर के मामलों में दखल देने लगीं। मेरी मां की बहन ने मुझे बताना शुरू कर दिया कि मुझे क्या कपड़े पहनने चाहिए और कहां जाना चाहिए। इसी तजुर्बे ने मुझे एहसास दिलाया कि अगर अपना मालिक आप बनना है, तो आपको काम करना पड़ेगा। जब मां काम करती थी तो हमें कोई सता नहीं सकता था।

कई रातों को अक्सर मां उठकर बैठ जाती व रोने लगती। जल्दी ही, यहां तक कि खाने के भी लाले पड़ने लगे। जब वह कमा रही थी तो हम घर में अच्छी किस्म का चावल खाते थे। नौकरी जाने के बाद वलयम्मा ने वह नियम बदल दिया। अब हमें राशन का चावल खाने को मिलता था। कच्चे चावलों से धान व कंकड़ बीनने का काम मेरा था, मुझे लगता कि इस बदलाव का सबसे बुरा असर मुझ पर ही हुआ था!

पिताजी फुटबाल मैच में लगी चोट की वजह से फौज से लौट आए। उनकी पेंशन ज़्यादा नहीं थी पर उसमें से घर खर्च के लिए एक पाई तक नहीं मिलती थी। वे अक्सर शाम को चहल-पहल भरे बाज़ार में निकल जाते। वहां वे जो मन करता, वही खाते। हालांकि वे कई तरह के फल खरीदकर घर लाते थे पर उनमें से हमें एक टुकड़ा मिलना भी बड़ी किस्मत की बात थी। पिताजी को जिस दिन पेंशन मिलती वे संतरे खरीदते व हम सबको एक-एक देते। अपने पिता की यही खुशनुमा याद मेरे साथ है—महीने में एक बार-एक पूरा संतरा।

अक्सर, पिताजी का कमरा व्यंजनों की महक से महकता पर हमें कभी कुछ न मिलता। जब वे दुकान से कुछ नहीं खरीदते थे तो वलयम्मा के घर चले जाते व बढ़िया खाना खाते। वहां उनका अच्छी तरह स्वागत होता, मानो वे कोई मेहमान हों।

अगर पिताजी घर में न होते तो हमें बड़ी खुशी मिलती, हम उनके घर से निकलने का इंतज़ार तक नहीं कर पाते थे। तब मेरे छोटे-बड़े भाई और मैं छुप्पाछुप्पी खेलते और आम के पेड़ पर चढ़ते। जब पिताजी को दमे की वजह से कुछ दिन हस्पताल में रहना पड़ा तो हम बहुत खुश हुए थे। हमारा आंगन करीब 28 सेंट का था। हम बच्चों में से, सिर्फ तीन, वही खेल खेलना सीख सके, जो उतनी जगह में आराम से खेले जा सकते थे, जैसे घर के अंदर भागना या पेड़ों पर चढ़ना—जब मैं भाइयों जितनी लंबी हो गई तो मैं लड़कों वाले खेल खेलने लगी, जैसे—कंचे खेलना, काजू फेंकना, कोट्टयम कोलयम...।

पिताजी मुझे लड़कियों से मिलने-जुलने नहीं देते थे। हमारे पड़ोसी दलित और ईसाई थे। पिताजी मानते थे कि धर्म और जाति-प्रथा गैरज़रूरी हैं। वे न सिर्फ एक कम्युनिस्ट बल्कि श्री नारायन गुरु को मानने वालों में से भी थे। श्री नारायण केरल के मशहूर समाज-सुधारकों में से थे। उन्होंने जांत-पांत के रिवाजों को तोड़ा और अछूत मानी जाने वाली इज़ावा जाति का साथ दिया। इन सब बातों के बावजूद पिताजी मुझे दूसरी जाति के लोगों से मिलने-जुलने नहीं देते थे।

हमारा आंगन तीन ओर से कुछ ऊंचा उठा हुआ था। वलयम्मा किसी हीरोइन की तरह मंच पर आतीं व हुक्म देते हुए चिल्लातीं—'कल्याणी!' मां सहमी-सी चुपचाप बाहर आ जाती। इसके बाद इल्ज़ाम लगाने का सिलसिला चालू होता— तुमने बच्चों को नहीं नहलाया? तुमने चावल नहीं पकाए? तुम्हारी यह कहने की हिम्मत कैसे हुई कि मेरे दिए चावलों में धान व कंकड़ भरे थे?—मैं और चेट्टन नासमझी में ही मां की कही बातें, वलयम्मा तक पहुंचा देते थे।

वलयम्मा दिखने में काफी शानदार थीं। वे एक ब्लाउज 'रावुक्का' पहनतीं व शरीर को पतले तौलिए से ढांपे रखतीं। उनकी छरहरी सेक्सी देह एक धोती में लिपटी रहती, जिसमें से उनके वक्षों का जुड़ाव झलकता। मां की डर से कांपती देह धोती व 'रावुक्का' से ढकी रहती, जो उनके नाप से काफी खुला होता था। मैंने अपनी मां को उस घर में घुलते व घुटते देखा है, इसी से मुझे एहसास हुआ कि सिर्फ रुपयों से ही इज़्ज़त मिलती है।

वलयम्मा ने मां की कमाई कभी नहीं ली हालांकि तय वही करती थीं कि उस कमाई को कहां और कैसे खर्च करना है। वो पैसे के लिहाज़ से काफी भरी-पूरी थीं।

मैंने भी उसके बारे में सुना था। हमारे परिवार की जायदाद में ऐसी ज़मीन थी, जिस पर खेती-बाड़ी की जा सके। जब पिताजी फौज में थे तो वलयच्चन ने उसे बेचकर जंगल साफ करवाया ताकि वहां कसावा और दूसरी फसलें उगाई जा सकें। यह काफी लंबा-चौड़ा काम था जिसके लिए बीस मज़दूर रोज़ काम पर आते। साथ ही उन्होंने फार्म में गौएं भी पालीं। इन सबका मतलब था 'बहुत-सा रुपया'। उनके बच्चे भी कमाते थे। एक लड़का गाड़ी चलाता था और दूसरे की साइकिल की दुकान थी। दोनों लड़के अपनी बीवियों समेत वलयम्मा के गुलाम थे। वलयच्चन भी फसलें बेचकर सारा पैसा उन्हें ही देते। इस तरह वलयम्मा पूरे घर की मालकिन थीं।

मेरे पास पिताजी की एक और भी खुशनुमा याद है। वे निडर होकर बोलना जानते थे। आज जब लोग कहते हैं कि मैं उन्हीं पर गई हूं तो मुझे गर्व महसूस होता है। वे राजनीति का काम करने वालों की तरह नहीं वे पर उन्हें पार्टी का आदमी (पार्टीक्करन) कहे जाने की भी एक वजह थी। जिस समय कम्युनिस्ट पार्टी बनी, कांग्रेस ने उसे दबाने की कोशिश की। दल के जो लोग छिपकर काम करना चाहते थे, उनके लिए हमारा घर बढ़िया जगह थी। एक ओर नदी और दूसरी ओर खेत व जंगल (आप कहीं भी छिप सकते थे और पुलिस आने पर बचकर भाग सकते थे। नदी में छलांग लगाई जा सकती थी या तालाब में छिपा जा सकता था—कई नेता ऐसा कर भी चुके थे।) आस-पास रहने वालों का मानना था कि एक फौजी के घर में घुसने का मतलब था—गोलियों की बौछार का सामना करना। मेरे पिताजी के पास एक बंदूक भी थी।

जब पिताजी की राजनीतिक हलचलों की वजह से मां की नौकरी चली गई तो उसमें अपने हक के लिए आवाज़ उठाने की हिम्मत ही नहीं बची। वह मानती थी कि छह बच्चों और बेलाग मर्द को सहारा देने की ज़िम्मेदारी उसी की थी। इसी मोड़ पर, मैंने एक फैसला किया। मैंने एक काम करने वाली लड़की से पूछा कि क्या मैं उसके साथ काम पर जा सकती थी। उसने बताया कि वह ईंटों के भट्टे में काम करती थी, जहां मुझे भी नौकरी मिल सकती थी। जैसे उसने बताया, उस हिसाब से मुझे काम काफी आसान लगा। मुझे ईंटों के टुकड़े, एक टोकरे में भरकर सिर पर उठाने थे। मुझे लगा कि टोकरी तो फूलों से भी हल्की होगी।

मैंने सोचा कि अगर मैं लहंगा पहनकर काम पर गई तो वे मुझे बच्चा समझकर काम से निकाल देंगे इसलिए मैं 'लुंगी' पहनकर काम पर गई। यह कपड़े का लंबा-सा टुकड़ा होता है, जिसे कमर के आस-पास कस कर लपेट लेते हैं। बाकी बचा कपड़ा, धोती की तरह पांवों में आता है।

मिट्टी की खान में

मेरा घर ऐसे गांव में था, जहां बिजली नहीं थी। घर की ओर दो सड़कें जाती थीं। उनमें से एक काफी चौड़ी और लंबी थी, जिससे कार और दूसरे वाहन आ-जा सकते थे। एक दूसरी गली थी, जो काफी घुमावदार थी। मैं अक्सर उसी धूल-भरी गली से आती-जाती।

इसी पर तेरह एकड़ का एक प्लॉट था, जिसे 'पट्टारुक्कायला' कहा जाता था। इस पर चलने से, आगे जाकर एक तालाब आता था। अगर आप तालाब के दायीं ओर जाते तो पुश्ते (बांध) पर पहुंच जाते, जिसे सभी 'बड़ा पुश्ता' कहते थे। उस पर लकड़ी के एक लट्ठे से बना पुल था, जो सुपारी के पेड़ से बना था। पुल से कुछ ही दूरी पर एक और नहर थी। नहर को पार करके ही आप नदी तक पहुंच सकते थे। उस चहलकदमी का भी अपना ही मज़ा था।

जिस समय मैंने काम पर जाना शुरू किया, तब मैं सिर्फ नौ साल की थी इसलिए मुझ पर आम मज़दूर औरतों जैसी कोई भारी ज़िम्मेवारियां नहीं थीं। काम पर जाते समय मैं खुशी-खुशी फूलों, घास और पंछियों से बतियाती। मुझे काम से निकाले जाने या देर से पहुंचने जैसी कोई चिंता नहीं सताती थी। मैं तालाब, नहर और मछलियां देखने ठहर जाती, नहर के पानी में उठती लहरों को निहारती और चहलकदमी करते हुए काम पर जाती। हालांकि एक भी गलत कदम पड़ता तो मैं रेत खोदने वालों के बनाए गड्ढों में गिर सकती थी।

सुबह छह से शाम छह तक, काम के घण्टे थे। अगर मैं शाम को फटाफट मज़दूरी ले कर घर के लिए न निकलती, तो मेरी मुसीबत हो जाती। जहां बड़ा पुश्ता खत्म होता था, मुझे वहीं से मुड़ना होता था। उसके आगे का रास्ता, नदी किनारे बने नारियल के बगीचे से होकर जाता था। वहां पेड़ों पर बैठे आदमी ताश खेलते व आती-जाती लड़कियों को तंग करते। वे हमें बरबाद तो नहीं करना चाहते थे बस छेड़-छाड़ से भरी शरारत करना चाहते।

इन सबसे बचने के लिए किसी का साथ पाना या फिर हवा की तेज़ी से भागना ज़रूरी था। अगर मेरे साथ कोई सहेली होती तो हम बड़ी शान से गप्पें लड़ाते व कहानियां सुनाते हुए निकलते। अगर मैं अकेली होती तो पुल तक आराम से जाती और उससे आगे दौड़ लगाती। मुझे नहर के किनारे लगी कैथ की झाड़ियों तक दौड़कर जाना पड़ता। वहां आस-पास काफी लोग होने पर उसके बाद मुझे नारियल के बाग तक फिर से दौड़ लगानी पड़ती। पट्टारुक्कायला बड़ा चौरस ज़मीन का टुकड़ा था। उस जगह पहुंचने तक दौड़ जारी रहती। उस सारी दौड़ के बाद घर पहुंचने पर ऐसा लगता मानो मैं कहीं से जीतकर आई होऊं। उस दौड़ में बेचैनी के साथ-साथ

एक अलग तरह का रोमांच भी था। ऐसा लगता था कि ज़िंदगी में हर रोज़ कोई नयी जीत हासिल होती, मानो यह कोई बहुत बड़ी और शानदार बात थी।

उन दिनों के वे खेत, पुश्ता, नहर, नदी व नारियल के झुरमुट। आज मैं उनकी सुंदरता को ज़्यादा बेहतर तरीके से सराह सकती हूं। छोटी-मोटी धमकियों से डरी हुई किशोरी कुदरत की खूबसूरती सराहने लायक नहीं थी।

जब मैं पहली बार काम पर पहुंची तो मेरे जैसी बच्ची को वहां देख, कई लोग हैरान हो गए। मुझे काफी मदद मिलती : ''अंकल तुम्हारे सिर पर टोकरी रख देंगे,'' दीदी तुम्हारे लिए बोझ उठा देगी, मैं शाम को सबसे आखिर में काम से छुट्टी पाती। मुझे डेढ़ रुपया मज़दूरी मिलती थी। जब हर कोई चावल और राशन खरीदता, मैं भी कुछ खरीद लेती। मैं तौलिए में चावल, मिर्ची व धनिया बांधे, किसी खास आदमी की तरह घर में कदम रखती तो मां को आंसुओं में डूबा पाती। उसकी यही उम्मीद थी कि मैं पढ़-लिखकर कोई बड़ी हस्ती बनती जबकि मैं अपने मन-ही-मन में एक बड़ी हस्ती बन चुकी थी। मां सोचती कि मैंने बहुत बड़ा बलिदान किया था। टूटी ईंटें उठाने से मेरे हाथों में जो खरोंचे व चीरे आते, उन्हें देख, वह रो पड़ती। वह कहती—'कल से काम पर मत जाना।' लेकिन अगले दिन जब मैं काम पर जाने लगती, तो वह चुप्पी साध लेती।

उन दिनों बाल मज़दूर के बारे में कोई नहीं सोचता था। पड़ोसी मां से पूछते— 'हालांकि तुमने उसे इतने लाड़-प्यार से नहीं पाला पर यह सच नहीं कि अब वही तुम्हारे काम आ रही है?' जब मैं यह सुनती तो हाथों की जलन के बावजूद लगता कि मैं घर की मालकिन हूं। इसी तरह कुछ दिन तक काम करने के बाद मैंने कई लोगों से सुना कि उस काम में ज़्यादा पैसा नहीं था, मिट्टी की खदान में ज़्यादा बेहतर कमाई थी।

शुरुआत में, मैं काफी डरी हुई थी। आखिर में, मैं खान में जा पहुंची (जहां से ईंटें बनाने के लिए मिट्टी निकाली जाती है।) हालांकि मैं मज़बूत शरीर वाली थी लेकिन मेरा कद छोटा था—'अरे देखो, यह छोटी चिड़िया, यह बोझा उठा तो सकती है पर उसे लॉरी में नहीं पलट सकती,' किसी ने कहा। 'माल उठाना'? माल पलटना? ये सब क्या हो रहा था। वे सब बड़ी अजनबी-सी बोली बोल रहे थे।

ज़्यादातर लोग छोटे बच्चे की टोकरी भरना नहीं चाहते थे और कइयों ने तो भावनाओं में बहकर यहां तक कह दिया—'मैं एक भरी हुई टोकरी, छोटे बच्चे के सिर पर नहीं रख सकता।' इसी तरह काफी समय बीत गया, ऐसा लगने लगा कि मुझे ईंटों के भट्टे में ही लौट जाना चाहिए। लेकिन वहां मज़दूरी बहुत कम थी इसी तरह दो साल बीत गए।

तब मुझे कहा गया कि लोगों के घरों में काम करना, अपनी सेहत सुधारने का अच्छा तरीका था। वहां तनख्वाह और खाना-पीना, अच्छे मिलते। तब से मैंने ऐसा ही काम तलाशने का मन बना लिया। मैं रसोई का कोई काम-काज नहीं जानती थी। एक सहेली ने कहा—'तुम आया बन जाओ, बहुत जल्दी बड़ी हो जाओगी फिर तुम यहां खान में काम करने आ सकती हो।' मुझे लगा कि इसमें कोई हर्ज़ नहीं था। मैं बहुत सारा खाना खाने लायक हो जाती।

एट्टामाश

मैंने मां को अपने मन की बात बताई। किसी के घर काम करने से मैं जल्दी बड़ी व गोल-मटोल हो जाती। पहले-पहल तो मां ने मेरी बात को नकार दिया, फिर अपने-आप ही किसी दूर के रिश्तेदार को मेरे लिए घर खोजने को कहा। वह तलाश में रहा और उसने मेरे लिए एक घर तलाश ही लिया। वह किसी बालएट्टन का घर था। उन्होंने पूछा, क्या तुम घर का काम कर सकती हो? मैंने सब सच-सच बता दिया। मुझे चावल उबालने के सिवा कुछ नहीं आता था। उनका अगला सवाल था कि क्या मैं बच्चों की देखभाल कर सकती थी। मैंने कहा—'मैं कोशिश करूंगी।'

बालएट्टन एक वकील थे। उनके पास अपनी गाड़ी थी। वे अपनी पत्नी के घर में रहते थे। सप्ताह में एक बार, वे अपने परिवार से मिलने जाते। मैं वहां खुशी-खुशी काम करने लगी। गुरुवायूर मंदिर के एकादशी उत्सव या फिर किसी भी मौके पर बालेट्टन, कांता और येच्ची हमें बीच-बीच में घर ले जाते, हमारे यहां भाई व बहन के रिश्ते में नाम के साथ 'एट्टन व चेच्ची' शब्द लगाने का रिवाज है।

बालेट्टन की बहन के पति 'एट्टामाश' भी वहीं थे। हमारे यहां अध्यापक को 'माश' या 'सर' कहकर पुकारा जाता है, यह अंग्रेज़ी के 'मास्टर' शब्द का बिगड़ा हुआ रूप है। बालेट्टन परिवार में दस भाई-बहन थे। जिनमें से पाँच भाई व पाँच बहनें थीं। मुझे वहां कभी नौकर नहीं माना गया। उन दिनों, नौकरानियों को अलग नहीं रखा जाता था। जब मैंने एट्टामाश को देखा, तो मैं बच्चों के साथ हँस-खेल रही थी।

चेट्टन एट्टामाश के स्कूल में पढ़ता था। वह हमें घर जाकर बताता था कि उन्हें एट्टामाश व वैलोपिल्ली सर पढ़ाते थे। वैलोपिल्ली श्रीधर मेनन आधुनिक मलयालम कवियों में से एक हैं। मैंने अपने भाई से सुना था कि वे किस तरह कविताएं लिखते थे। एट्टामाश भी उसी दल के सदस्य थे। अचानक उन्हें अपने सामने पाकर मैं, हैरानी व सम्मान से भर उठी।

उस दिन पूरा घर लोगों से खचाखच भरा था। दस बाल-बच्चों वाले भरे-पूरे

घर में उत्सव के माहौल की कोई भी कल्पना कर सकता है। एट्टामाश अपने दो बेटों व दो बेटियों के साथ आए थे। उनका एक बेटा मेरी उम्र का यानि करीब तेरह बरस का था। वह सीढ़ियों से नीचे आया व मुझसे कहा कि उसके पिता जी पानी मांग रहे हैं। मैं एक गिलास पानी ले आई।

घर की दादी ने पूछा—'लड़की! कहां जा रही हो ?'

—'माश ने एक गिलास पानी मांगा है।'

—'ठीक है, जल्दी वापिस आना।'

मैंने सोचा कि उन्हें मेरे अकेले जाने से चिंता हो रही थी इसलिए मैंने बालेट्टन के बड़े बच्चे को गोद में लिया व पानी देने चल दी। उन्होंने ऐसा बर्ताव किया मानो किसी फिल्म का दृश्य चल रहा हो। उन्होंने मेज़ पर गिलास रखकर मुझे गिलास ले जाने तक रुकने को कहा। अचानक वे पीछे से रेंगते हुए आए व मुझे बच्चे सहित कसकर जकड़ लिया। मैं उस खतरे को भांप सकती थी। ज़रूर कुछ होने वाला था। मैंने कहा—'माश ! मुझे छोड़िए, मुझे जाने दीजिए' उन्होंने मुझे नहीं छोड़ा और मेरी चोली में हाथ डालने की कोशिश की। मुझे वह अच्छा नहीं लगा। मैंने पूरा ज़ोर लगाया और छूटकर सीढ़ियों से नीचे चली गई। वो आदमी मेरे साथ क्या करना चाह रहा था ? मैंने सोचा कि शायद वो मुझे मारना चाहता था या कुछ और ? छोटा बच्चा कसकर भींचने के कारण डर गया था और ज़ोर-ज़ोर से रो रहा था। कांता चेच्ची ने मुझे पूछा—

'क्या हुआ ?' तुम किस कमरे में गई थीं ?' मेरे हिसाब से कांता चेच्ची एट्टामाश के बारे में जानती थीं। मैंने कहा—

'एट्टामाश के कमरे में।' सभी बड़े लोग एक साथ बोले—'तुम उस कमरे में क्यों गई ? वहां कोई नहीं जाता, लेकिन फिर भी तुम गई ?' मुझे कुछ समझ नहीं आया। अब मैं जानती हूं कि अगर हालात कुछ और होते तो वह मेरा फायदा उठा सकता था।

घर के मेहमान एट्टामाश के दबोचने के बाद, मुझे बालेट्टन और उनके बड़े लड़कों—अशोकन व मोहनन से भी डर लगने लगा। मैंने उस घर का काम छोड़ने का फैसला कर लिया। सबसे पहले मैंने कांता चेच्ची की मां शारदा चेच्ची से कहा और इसकी वजह भी बता दी। उन्होंने कांता चेच्ची से कहा और इस तरह यह बात सबके बीच खुल गई। नौकर सब कुछ जान गए... लोग बातें बनाने लगे—'इस लड़की के साथ एट्टामाश ने छीना-झपटी की।' हर किसी ने यही कहा कि उसके कमरे में अकेले जाना बहुत बड़ी गलती थी। अचानक, मुझे ही कसूरवार बना दिया गया था। मुझे खुद ही लगने लगा था कि मैंने कोई गलती कर दी थी।

मुझे लगा कि मैं मिट्टी की खान में काम करने लायक बड़ी हो गई थी। वहां का माहौल बिल्कुल पहले की तरह था। ठेलना-धकेलना, ये सब सहने वालों को अच्छी मज़दूरी मिलती थी। पहले मैंने कोनेट्टन की खान में काम किया। यह कोई बच्चों का खेल नहीं था। हमें लगातार कड़कती धूप में काम करना पड़ता, दूसरी जगह की तरह आप यहां दो घड़ी छाया में सुस्ता नहीं सकते थे। हमें वहां साढ़े तीन रुपये मज़दूरी मिलती थी लेकिन यह दूसरे कामों की मज़दूरी से ज्यादा ही था। आमतौर पर औरतों को अढाई रुपये से ज्यादा नहीं मिलते थे। कोनेट्टन दिखने में मलयालम फिल्मों के नायक कोट्टराकरा श्रीधरन नायर जैसा था। वो वहां काम करने वाली हर औरत का आशिक था। मुझे उस आदमी के साथ काम करना ठीक नहीं लगा और मुझे अच्छी मज़दूरी भी चाहिए थी इसलिए मैं भास्करेट्टन की खान में चली गई।

इसी बदलाव के साथ, मैं भी काफी बड़ी हो चुकी थी। मेरा मानना था—उन्हें आस-पास मंडराने दो, अपना काम करो और अच्छे पैसे कमाओ लेकिन उन्हें कुछ भी दिए बिना अपनी हैसियत बनाए रखो। मैं इसी सोच के साथ कदम बढ़ाती गई।

'वह एक बड़े घर से है'

मिट्टी खदान में काम करने वाले ज्यादातर लोग दलित, मेरी तरह गरीब इज़ावा या ईसाई थे। नायर व नम्बूतिरी यह काम नहीं करते। मैंने नायर परिवार की एक लड़की के काम पर आने से पहले तक दो साल काम किया। वह तो मेरे से भी बड़ी हीरोइन बन गई। उसका नाम था 'कुन्नीक्कवु'। हालांकि मैं उसे पसंद करती थी पर मन-ही-मन जलती भी थी।

अगर आपको हीरोइन माना जाता है तो खुद-ब-खुद थोड़ी छूट मिल जाती है। आपको हल्की टोकरी मिलती है। आपको चाय भी पहले मिलती है—दिन भर के काम के दौरान कई चक्करों में चाय मिलती थी। उसके आने से पहले, मुझे और मेरी सहेलियों को सबसे पहले चाय मिल जाती। इसमें बदलाव आने के साथ-साथ और भी काफी कुछ बदल गया। वे कहते—'पानी पीते समय बर्तन को होठों से मत छूना, कुन्नीकवु को भी उसी बर्तन से पानी पीना है।'

इस जात-पांत के अलावा मेरी जलन की खास वजह यह थी कि उसका—मेरा मुकाबला था। वह मेरी ओर थी क्योंकि उसे पता था कि इससे उसका पक्ष मज़बूत होगा लेकिन मैं अपना हक छिनने की कुंठा दबा नहीं पाती थी। उसे आता देख, दूसरे लोग फुसफुसाते—'देखो, कुन्नीकवु आ गई।' ऐसा लगता मानो किसी ने मेरे कानों में पिघला मोम उंडेल दिया हो। जब वो कहते कि कुन्नीकवु के लिए सबसे

हल्की टोकरी एक ओर रख दो तो मेरे गुस्से का आर-पार न रहता। वही पीने का पानी लाती थी, बस यही एक फायदा था। खास मौकों पर जब ज्यादा मिट्टी भेजी जाती थी तो हम सब होटल से खाना मंगवाते। ऐसे मौकों पर, सबसे पहले वो खाने का मनचाहा सामान ले लेती, फिर हम खाते।

उसके आने से पहले, यह सारी छूट मुझे मिलती थी। मेरे साथ काम करने वाले कहते—'देखो, नलिनी आ गई, उसके लिए सबसे हल्की टोकरी अलग रख दो।' अगर कोई आवाज़ उठाता भी, तो बाकी कहते; 'मेरे हमारे जैसी नहीं है, वो बड़े घर से है।' या वे कहते—'उसे सुपरवाइज़र बाबू पसंद करते हैं या मालिक उसे पसंद करते हैं।'

उन दिनों 'इष्टम' शब्द का मतलब आदर और स्नेह के तौर पर लिया जाता था (वैसे मलयालम में वासनायुक्त प्रेम को 'इष्टम' कहते हैं।) इसके अलावा भास्करेट्टन रिश्ते में मेरा भाई लगता था। मालिक की रिश्तेदार होने के नाते भी मुझे अहमियत दी जाती। इस तरह, मुझे कई तरह से फायदा होता था। जैसे ही मैं पहुंचती, वे कहते—'कुन्नीप्पावू, उसकी टोकरी भर दो!' यह कुछ-कुछ ऐसा ही था, जैसा कि फिल्मों में होता है। जब हीरो आता है तो सब आस-पास मंडराने लगते हैं। उस समय मैं फूलकर कुप्पा हो जाती। तब मुझे यह सब बहुत अच्छा लगता था। सच तो यह है कि मैं थोड़ी-सी घमंडी भी थी। सुपरवाइज़र ने मुझे कभी नहीं झिड़का लेकिन इससे उन्हें भी फायदा होता था। मेरी पूछ बढ़ाकर, मुझसे काम भी ज्यादा लिया जाता था। अगर आप हीरोइन हैं तो आप काम ज्यादा होने की शिकायत नहीं कर सकतीं।

दक्कन टॉफियां

भास्करन की खान में, मैं काम में इतनी चुस्त थी कि मुझे पहली बार कुन्नीप्पावू के साथ काम पर लगाया गया, वह टोकरियां भरने में काफी फुर्तीला था। अगर आप बार-बार किसी के पास टोकरी भरवाने जाएं तो आपका नाम उसके साथ कुदरतन जोड़ दिया जाता है—आप दोनों को ही प्रेमी मान लिया जाता है। दूसरे मुझे 'तुम्हारा कुन्नीपावू' कहकर सताते। उनमें से कुछ रोमांस फल-फूल जाते और कुछ रिश्ते, खान का काम खत्म होते ही टूट जाते। जब लोगों को हमारे मेल का पता चलने लगा तो कुन्नीपावू को आस बंधी कि मैं उससे शादी कर सकती थी।

दोपहर को खाने के बाद वो मुझे दक्कन टॉफियां देता। वे बहुत स्वादिष्ट होती थीं। सचमुच ज़बरदस्त! उन दिनों, उन्हें ही रोमांस की निशानी माना जाता था। मैं यह नहीं जानती थी। मैं वे टॉफियां दूसरों में बांट देती। वे कहां से आईं, मुझे किसने

दीं, जैसे सवालों से ही तय हो गया था कि मेरा किसी से चक्कर चल रहा था। वैसे मैंने उसे नकारने की कोशिश भी नहीं की, मुझे ऐसे रोमांस से कोई एतराज़ भी नहीं था।

एक दिन, कुन्नीपावू ने मेरे सामने शादी की पेशकश रखी। मैंने उसे पिताजी से मिलने को कहा। मैंने जो फिल्में देखी थीं, उन्हीं से मुझे यह तरकीब सूझी थी। मेरा मानना था कि अगर कोई सड़क के किनारे प्यार का इज़हार करे तो, लड़की इतना ही कर सकती है कि उसे अपने परिवार से मिलने को कहे।

फिर कुन्नीपावू काम पर नहीं आया। अगले दिन आया तो बड़ा उदास व अजीब से मूड में था। एक दिन पहले पिताजी भी मुझे लताड़ चुके थे—'अच्छा तो तुम्हें प्यार करने के लिए भी एक ईसाई छोकरा ही मिला?' और मेरी पिटाई भी हुई। मुझे ज़रा-सा भी अंदाज़ा नहीं था कि कुन्नीपावू मेरा हाथ मांगने मेरे घर तक जा सकता था, मैंने सोचा कि लोगों ने यूं ही अफवाह फैलाई है। कुन्नीपावू के दोस्तों ने मुझे कोसते हुए कहा कि मैंने उसे नीचा दिखाया है। तुम्हीं ने उसे घर जाने को कहा और जब हम घर गए तो हमें धक्के देकर निकाल दिया गया। मेरी पिटाई भी इसी वजह से हुई थी।

देवासी नाम का एक लड़का था जो मुझे 'बड़ी दीदी' कहकर बुलाता था। एक दिन उसने कहा कि भास्करेट्टन मुझसे मिलना चाहते थे। मैंने सोचा कि वह मेरे रिश्ते के भाई के बारे में कह रहा है। तब उसने कहा—नहीं, अयिनीकुज़ी भास्करेट्टन मिलना चाहते हैं—पहला नाम उसके परिवार का था। उसने मुझे बताया कि मुझे दो खदानों के बीच आम के पेड़ तले मिलने के लिए बुलाया है। मैं वहां पहुंचकर इंतज़ार करने लगी। वे वहां आए, लेकिन मुझे देखकर काफी घबरा गए। उन दिनों सारी डींगों के बावजूद मर्द सोच भी नहीं सकते थे कि एक लड़की किसी आदमी से मिलने जाएगी। वे भी मेरे लिए चॉकलेट लाए थे। उन्हें भी वही जवाब मिला— 'पिताजी से मिलिए।'

जब मैं लौटी तो मैंने वो मिठाई सबमें बांट दी और थोड़ी कुन्नीपावू को भी दी। उसने वो चॉकलेट फेंक दी, जो वह मेरे लिए लाया था। उसके बाद उसने मुझसे बोलना छोड़ दिया। उस दिन के बाद, तीन महीने तक खान का काम चला। काम खत्म होने तक, हमारा रोमांस भी मर चुका था। दो साल बाद, उसने आत्महत्या कर ली। वह एक अनाथ था, जिसे घर व बाहर से नफरत के सिवा कुछ नहीं मिला था। कई लोगों ने मुझ पर इल्ज़ाम लगाया लेकिन मुझे पूरा यकीन था कि मैंने उसे कोई धोखा नहीं दिया था।

मेरी नज़र मिट्टी खदान के मालिक के बेटे भास्करेट्टन पर थी। वह काफी काला

था और लोग उसका मज़ाक भी उड़ाते थे। वह मेरे पास आने से बचता क्योंकि उसे अपने ऊपर शर्मिंदगी होती थी।

इन सबके दौरान, मुझे पालीचेक्करा एंथोनी नाम के बुरे लड़के से भी उलझना पड़ा। वह अक्सर राह में खड़ा हो जाता और मुझ पर फिकरे कसता। एक दिन, उसका एक दोस्त बाबू, मेरे घर शादी का पैगाम लाया। पिताजी ने दोबारा मनाही कर दी। उसके बाद जब हम सड़क पर मिले तो उसने राज़ खोला कि वो अपनी ओर से नहीं बल्कि एंथोनी की ओर से रिश्ता लाया था। यह साफ तौर पर तय हुआ था कि शादी के बाद एंथोनी मेरे साथ पहली रात बिताए। बाबू ने मुझे संभलने की चेतावनी दी।

एक दिन खेतों से गुज़रते हुए, मैंने अपने-आप को एंथोनी के सामने पाया। मुझे कोई शक नहीं था कि वो मुझ पर झपटेगा। मैं उससे कैसे बच सकती थी? तभी मुझे अपना एक साथी चंद्रन दिखाई दिया, जो काफी दूरी से आ रहा था। मैंने उसे पुकारा 'चन्द्रेट्टा'। ज्यों ही एंथोनी का ध्यान बंटा, मैंने उसे खेत में धकेल दिया और जान बचाकर भागी।

'शादी'

मैंने शादी नहीं की क्योंकि मैंने ऐसा न करने का फैसला किया था। यह भी अचानक ही हुआ। उन दिनों पिताजी के साथ मेरी अनबन चल रही थी। वे कभी काम पर नहीं जाते थे। हालांकि वे मुझ पर काबू पाने की कोशिश करते, मुझे बताते कि मैं अपना पैसा कैसे खर्च करूं, जैसा वो मां के साथ करते थे। हम दोनों के बीच बहुत उलझाव आ गया था। हकीकत तो ये थी कि मेरे भाई का शादी को रज़ामंदी देना ही सबसे बड़ा मुद्दा बन गया था। उस रिश्ते ने तो हमारी दुनिया हिला कर रख दी थी। चेट्टन ने मेरी सहेली की बड़ी बहन से ब्याह रचा लिया, जो उम्र में उससे साढ़े तीन साल बड़ी थी। उनकी शादी रजिस्टर करवाने में मैंने मदद की और बदले में पिताजी के घूंसे खाए। इन्हीं दो घटनाओं की वजह से मुझे घर से निकाल दिया गया।

मैं कहां जाती? अठारह साल की लड़की के लिए कोई आसरा खोजना आसान नहीं था। कई ऐसे आदमी थे जो मुझसे शादी करना चाहते थे या मेरे दीवाने थे। मैंने उनमें से एक से मिलने की कोशिश की। चंद्रन, एक फौजी का बेटा था। वह रेत की खदान में काम करता था। मैं उसका इंतज़ार कर रही थी जब मुझे अचानक सुब्रमण्यम दिखाई दिया। उसने भी एक बार, मुझसे शादी करने को कहा था और मेरे न कहने पर उदास हो गया था। वह जुएबाज़ी और छोकरीबाज़ी करने वाले गिरोह का दादा था। मुझे बाद में पता चला कि उसने तो चंद्रेट्टन की ओर से शादी का प्रस्ताव रखा था। वह अलग तरह के धंधे में था—वह नदी से रेत निकालता था। जब

मैंने उसे अपनी मुसीबत के बारे में बताया और कहा कि मैं चंद्रेट्टन से मिलना चाहती हूं तो उसने सुझाया कि पहले मुझे उसके घर चलना चाहिए। उसने कहा कि जब चंद्रेट्टन आ जाएगा तो वह खुद इस बारे में उससे बात करेगा। हमने शाम तक इंतज़ार किया, जब बहुत देर हो गई तो उसने कहा कि वो मुझे अपने घर नहीं ले जा सकता और बेहतर था कि हम उसके अम्मावन (मामा) के घर चले जाते। मैंने सोचा कि उसके मामा बड़ी उम्र के होंगे। सुब्रमण्यम तीस-बत्तीस साल का था। मैंने अंदाज़ लगाया कि उसके मामा की उम्र पचास के करीब होगी। जब हम वहां पहुंचे तो पता चला कि मामा भी उम्र में सुब्रमण्यम जितने थे। वे वहां किसी लड़की के साथ छिपकर रह रहे थे जिसे वे किसी अच्छे घर से भगा लाए थे। मेरे वहां पहुंचते ही चारों ओर बात फैल गई कि सुब्रमण्यम एक लड़की ब्याह लाया है। अगर मैं इस बात के खिलाफ जाती तो उस रात का ठौर-ठिकाना कहां खोजती। मैं वहां एक हफ्ता रही और आस-पास के लोग हमें पति-पत्नी समझते रहे। हम उसके घर गए तो उसकी मां और बहन ने भी पति-पत्नी की तरह हमें इज्जत दी। उसी दिन से मुझे उसकी बीवी बनना पड़ा। इस तरह मेरी 'शादी' हो गई।

जैसा कि मैं पहले ही बता चुकी हूं कि सुब्रमण्यम कई तरह के गलत धंधों में था। वह पहले दर्जे का पियक्कड़ व छोकरीबाज़ था। वह रेत की खानों पर जाता तो था लेकिन उसका असली धंधा था 'शराब बनाना'। वह पैसा लेकर लोगों को पीटने का धंधा भी करता था। इन सब खूबियों के अलावा पचपन साल की औरत के साथ प्यार! वैसे घर में जिस चीज़ की भी ज़रूरत पड़ती, वह हमें लाकर देता। हालांकि कोई भी उसके काम-धंधे के बारे में कुछ पूछने का हकदार नहीं था। वह कोई सलाह नहीं लेता था लेकिन सब कुछ बड़ी सख्ती से तय कर रखा था कि हम क्या कर सकते थे और क्या नहीं कर सकते थे। मुझे उस घर में, उसकी मां-बहन के साथ बहुत कलह झेलना पड़ा। सासू मां उसके मुंह से निकली कोई भी बात पकड़ लेती और टंटा खड़ा कर देती। वो सचमुच किसी नरक से कम नहीं था। एक बार उसने भारी सरौता फेंककर मेरा सिर भी फाड़ दिया था। मैं दिन-रात लड़ते-लड़ते, ज़मीन पर पांव टिकाए रखने की कोशिश में थी। मैंने मान लिया था कि ज़िंदगी एक लड़ाई है और ज़िंदा रहने के लिए लड़ना होगा, लगातार लड़ना होगा।

मैं ताड़ी बेचने में उसकी मदद करती। आमतौर पर ताड़ी पीने वाले हमारे घर आते, ताड़ी लेकर पीते और चले जाते। वह मुझे भी जबरन शराब पिलाने की कोशिश करता। हालांकि पहले-पहल तो मैंने मना किया लेकिन एक दिन मैं इतनी परेशान थी कि मैं बिना पानी के ही शराब गटक गई। बाद में वही मेरी आदत बन गई।

मैं उसके साथ साढ़े तीन साल रही। ताड़ी और कैंसर की वजह से उसकी मौत हुई। कैंसर का दर्द सह न पाने की वजह से उसने शराब में ज़हर मिलाकर अपनी जान ले ली। मैंने वहां दो बच्चे पैदा किए। बड़ा लड़का, जब सतरह का था तो मर गया। छोटी लड़की ठीक-ठाक है। वह मुझे नहीं अपनाती इसलिए मैं उसे बस एक बार दूर से ही देखने गई थी, वरना हमारे बीच कोई रिश्ता नहीं है। वह नहीं जानती कि मैंने ही उसे पांच बरस तक पाला-पोसा था। सासू मां चुपके से शहर आती और मुझसे रुपये ले जाती। मेरी बेटी नहीं जानती कि मैंने उसे पाला-पोसा। इसलिए उसके दिमाग में एक ऐसी मां की तस्वीर बसी है, जिसने अपनी दो साल की बेटी को छोड़ दिया था।

2

एक नई नौकरी

जब मेरे पति की मौत के बाद, उसकी मां बच्चे पालने के लिए हर रोज़ काफी रुपये मांगने लगी तो मैंने जिस्मफरोशी (अपना शरीर बेचना) शुरू कर दी। उन दिनों एक आम औरत को अढाई रुपये तक मज़दूरी मिलती थी। अगर काम मुश्किल होता तो साढ़े चार रुपये तक मिल जाते। मेरी सासू मां हर रोज़ पांच रुपये मांगती थी।

मैंने अपनी सहेली कार्तयायनी से इस बारे में बात की। पहले मैंने फैसला किया कि बच्चों को किसी अनाथालय में भेज दूंगी। उसने कहा कि अगर मैंने उन्हें वहां डाला, तो मैं उन्हें हमेशा के लिए खो दूंगी। बच्चे पालने के लिए पैसे कमाने की तरकीब सुझाते हुए, उसने मुझे त्रिशशूर की रोज़ा चेच्ची से मिलने को कहा। वह वहाँ काम कर चुकी थी, अगर मैं उनमें शामिल हो जाती तो पैसा कमा सकती थी। मैंने पूछा—'कैसा काम?' उसने जवाब दिया—'तुम्हें एक आदमी के साथ जाना होगा।' कोई भी एक साथ सोने या सैक्स के बारे में खुलेआम बात न करता। मैंने हँसकर पूछा—'भला कोई मेरा साथ पाने के लिए पैसे क्यों देगा?' दरअसल मुझे यही मतलब समझ आया था। फिर उसने खुलासा किया कि वहां पैसे वाले लोग आते हैं, जिन्हें औरत की ज़रूरत होती है। अगर तुम उनका मनचाहा करोगी तो तुम्हें रुपये मिलेंगे। जब उसने 'औरत की ज़रूरत' कहा तो मुझे समझ आया कि औरत को उस तरह इस्तेमाल किया जाएगा, जैसे उसका पति करता है। मैंने पूछा कि अगर मैंने ऐसा किया तो कहीं सब जान तो नहीं जाएंगे। उसने मुझे याद दिलाया—यह सब, यहां नहीं, त्रिशशूर में होगा। उन दिनों त्रिशशूर, काल्लूर से काफी दूर था। बसें बहुत कम थीं। काल्लूर से त्रिशशूर के लिए सुबह-शाम एक ही बस थी।

मैंने सोचा कि किसी को पता भी नहीं चलेगा और सब ठीक हो जाएगा। इसलिए मैंने रोज़ा चेच्ची से मिलकर बात करने का फैसला कर लिया। अगर वो मुझे अच्छे पैसे दिलाने का वादा करती तो मैं काम करने के लिए तैयार थी।

मैं अपने पति, सुब्राएट्टन या भास्करेट्टन जैसे आदमियों को जानती थी जिनमें से कोई भी पचास रुपये तक देने की हैसियत नहीं रखता था। सुब्राएट्टन के कई जगह नाजायज़ संबंध थे। भास्करेट्टन धान देता था। दो पूले अनाज और कुछ नारियल, उसका रिश्ता इन्हीं पर टिका था। जब मैंने रुपये देने वाले मर्द के बारे में सोचा तो मैं हैरान हो गई। एक भूचाल-सा आने वाला था। कोई मुझ पर पचास रुपये खर्च करने जा रहा था।

रोज़ा चेच्ची ने आराम से बातचीत के लिए, पास ही आम के पेड़ तले मिलने को कहा। उस जगह मेरे बड़े भाई की दुकान थी, उसने हमें देखा तो वह बड़ी छड़ी लहराते हुए, मारने की धमकी के साथ पीछे दौड़ा। मुझे काफी बाद में पता चला कि वह रोज़ा चेच्ची का ग्राहक था और वह नहीं जानती थी कि वह मेरा भाई था।

सुनहरी किनारे की धोती वाला आदमी

रोज़ा चेच्ची ने बताया, हम एक ऐसी जगह जा रहे थे, जहां एक पुलिसवाला लोगों का दिल बहला रहा था। मैं उसके साथ वहां चली गई। हम पहले रामदास थियेटर गए और एक फिल्म देखी। जब हम थियेटर से बाहर आए तो एक पुलिस जीप आई और हमें 'रामनिलयम' ले गई।

उस समय रामनिलयम भी एक थियेटर था। वहां मेरे लिए सब कुछ नया था। यह बिल्कुल नया माहौल था, जिसके बारे में मैंने कभी सोचा तक नहीं था। पूरी लंबाई वाला एक शीशा, जिसमें मैं अपने-आपको कपड़े बदलते देख सकती थी, मैं नदी या तालाब में नहाने की आदी थी लेकिन वहां नहाने का भी कमरा (बाथरूम) था। उन दिनों मेरे बाल काफी घने और लंबे थे। जब वो भीतर आया, तो मैं आराम से खड़ी थी और मेरे बाल लहरा रहे थे। उस आदमी ने सुनहरी किनारे की धोती पहन रखी थी और माथे पर चंदन का टीका था। मैं इज़ावा जाति से थी और हम लोग इस तरह रहने वाले नायरों व नम्बूतिरि लोगों का आदर करते हैं। एक ऐसा ही आदमी, मेरे सोने के कमरे में मौजूद था। मैं हक्की-बक्की रह गई और रोज़ा चेच्ची से पूछा—'यह कौन है?'

उसने कहा—'यह तो वही पुलिसवाले हैं, जिनके बारे में मैंने बताया था।'

मुझे लगा कि जैसे मैं अजीब-सी बेहोशी में थी। वहां शराब की पूरी बोतल पड़ी थी और मुझसे पूछा जा रहा था कि क्या मैं थोड़ी-सी लूंगी। रोज़ा चेच्ची ने मेरी ओर से हामी भरी। उस आदमी ने कहा कि मैं जितनी पीनी चाहूं, अपने-आप ले लूं—शायद उसने सोचा कि मुझे एक बूंद शराब की ज़रूरत होगी। मैंने एक बड़ा गिलास तीन-चौथाई भर लिया। वह घबराया हुआ था इसलिए एक ही बात को

दोहराया, 'थोड़ा पानी मिलाओ, थोड़ा पानी मिलाओ।' मैंने चुपचाप थोड़ा पानी मिला लिया। सच तो यह था कि मैं भी घबरा रही थी, जैसी घबराहट, पहली बार मंच पर चढ़ते समय होती है। मैंने एक ही बार में सारी शराब हलक के नीचे उतार ली। वो सचमुच हैरान रह गया होगा। उसके गिलास में ज़रा-सी शराब थी और ऊपर तक पानी भरा हुआ था।

वह एक पुलिसवाला नहीं बल्कि कोई खानदानी आदमी लगता था। उसके साथ बड़ी-बड़ी मूंछोंवाला नेता भी था, जिसे मैं पहली झलक में पुलिसवाला समझ बैठी थी।

उस रात, उसका बर्ताव काफी नरम था। वह सब सिर्फ एक रात ही हुआ लेकिन मेरे मन में उसकी याद सुब्राएट्टन से भी अधिक है। यह वही आदमी था, जिसके मैं सपने देखती थी, एक ऐसा प्रेमी जो मेरी सोच में बसा था।

उसी सुंदर आदमी ने अगले दिन सुबह मुझे पुलिस के हवाले कर दिया। पुरुष एक साथ ही 'नरम व कठोर' दोनों हो सकते हैं। मैंने अपने पहले ग्राहक से यही सबक सीखा।

सुबह हुई तो पुलिस की जीप दोबारा आई और हमें ले गई। हमें शहर के नज़दीक मिशन क्वार्टर्स के पास उतार दिया गया। मैं अभी थोड़ी दूर ही गई थी कि एक और पुलिस की जीप मेरे पास आकर रुकी। दो पुलिसवाले बाहर निकले और बदतमीज़ी से चिल्लाए—'गाड़ी में बैठो।' यह एमरजेंसी के दिन थे, उन दिनों अचानक गिरफ्तारी होना आम बात थी। (भारत की प्रधानमंत्री इंदिरा गांधी द्वारा 1974-75 में आपातकाल लागू किया गया था।) जैसे ही हम पुलिस स्टेशन पहुंचे तो सब पर डंडे बरसने लगे। हमारे पांव के तलवों पर बेंत लगाए गए। मुझे इस बर्ताव से बहुत गुस्सा आया और मैं चिल्लाई—'पुलिस ही रात को साथ सोती है और दिन में डंडे मारती है।' इसी पिटाई के दौरान सहायक स्टेशन इंस्पेक्टर ने ताना मारा—'तो तुमने क्या सोचा? अगर तुम कल रात 'सार' (सर) के साथ सोई थी तो वे हमें नहीं बताते?' वहां हर आदमी मेरी ओर देखकर यही कह रहा था, 'यह लड़की, रात सार के साथ थी।' तब मुझे समझ आया कि मेरा सपनों का वह राजकुमार उन सबसे ऊंचा अफसर था। कुछ देर बाद सब-इंस्पेक्टर अंदर आया। उसे सब 'रोशनी बाबू' कहते थे। सड़कों पर घूमना व ठगों को पीटना, उसके पसंदीदा काम थे। जिस तरह मलयालम फिल्मी हीरो सुरेश गोपी करता था, वह उसी की नकल करता। उसने मुझ पर थोड़ी दया दिखाई। उसने उन्हें कहा कि वे मुझे मारना बंद करें। उसने पेशकश दी—'आज रात मेरे साथ बिताओ तो मैं तुम्हें यहां से छुड़वा सकता हूं।' मैंने उसकी बात मान ली और अपनी जान छुड़ाई।

उस दिन के बाद मैंने इतना खूबसूरत आदमी कभी नहीं देखा। यहां तक कि, आज भी इस बारे में सोचने से मेरा दिल टूक-टूक हो जाता है। कोई इतना पत्थर दिल कैसे हो सकता है। मैंने किसी को इतना पत्थर दिल होते कभी नहीं देखा और न ही ऐसी नरमी को महसूस किया है।

दुर्घटनाएं

रामनिलयम में इस काम की शुरुआत के बाद, पुलिस ने तीन महीने बाद दोबारा मुझे पकड़ लिया। उन दिनों भी आपातकाल लागू था और मुझे बिना किसी वजह के गिरफ्तार कर लिया गया। मुझसे पूछा गया कि मैं सारा दिन कहां रहती थी। मैंने कहा कि काल्लूर के पास, एक मस्जिद के नज़दीक रहती हूं। उसने कहा—'ठीक है, रात को वहीं मिलना।' मैंने सोचा कि शायद वो मुझे लेने आएगा। उन दिनों मैं पुलिसवालों का ग्राहकों की तरह दिल बहलाती, यही मेरी चाल थी। मैंने वहां रात साढ़े-नौ बजे तक इंतज़ार किया लेकिन कोई नहीं आया। आस-पास के लोग पूछते रहे कि मैं वहां क्यों खड़ी थी। मैंने कहा कि एक पुलिस वाले ने मुझे इंतज़ार करने को कहा है। लोग पुलिस के नाम से ही घबराते थे।

जब मैं वहां इंतज़ार कर रही थी, तो दो लोग उस ओर आए। वे कुछ ऐसे लग रहे थे, जो शराब बनाते हैं। वे दोनों ज़ोर-ज़ोर से ताड़ी बनाने के बारे में बातें भी कर रहे थे। उन्हें देखते ही मैं दायीं ओर बनी चाय की दुकान में घुस गई और पिछले दरवाज़े से बाहर निकल गई। दिन में मैं वहीं जाया करती थी, लेकिन मुझे नहीं पता था कि पिछले बरामदे में क्या था। मैंने अंधेरे में ही कदम बढ़ाए तो पांवों के नीचे गीली ज़मीन महसूस हुई। मैंने सोचा कि वह गीली मिट्टी थी और जैसे ही मैंने वहां से कदम हटाया, मैं सीधा कुएं में जा गिरी। डूबते हुए, मेरे मन में एक ही बात आई कि 'मैं तो गई।' मैं बार-बार ऊपर-नीचे आने लगी। हालांकि दूसरी बार, मैंने किसी तरह कुएं की दीवार के आस-पास उगी घास को कसकर पकड़ लिया। मैं उसे पकड़कर लटक गई और जितनी ज़ोर से चिल्ला सकती थी, चिल्लाई, लेकिन किसी ने मेरी पुकार नहीं सुनी। वो एक गांव था और रात आठ बजे के बाद कोई घर से बाहर नहीं निकलता था। मुझे इतनी आसानी से किसी का नाम भी याद नहीं आ रहा था। पड़ोस में ही एक ईसाई परिवार रहता था, मैंने पूरा ज़ोर लगाकर उस औरत को पुकारने की कोशिश की पर उसने भी नहीं सुना। मैं कुछ देर तक सर्दी व डर के मारे यूं ही पड़ी रही। रात को सवा ग्यारह बजे कंपनी का भोंपू बजा। वह आवाज़ सुनकर मुझे होश आया और मैं फिर से चिल्लाई। वहां कुछ लोग इकट्ठा हो गए। गश्ती पुलिस भी आ पहुंची। उन्होंने मुझे सीढ़ी की मदद से बाहर निकाला।

बड़े मज़ाकिया हालात थे। सर्कल इंस्पेक्टर और ड्राइवर दोनों ही मेरे ग्राहक थे। उनकी उलझन देखने वाली थी। मुझे पास ही के अस्पताल में ले जाया गया। उन्हें बिजली वाले कंबल से मेरे शरीर को गरमाहट देनी पड़ी। फिर मुझे पुलिस थाने ले जाया गया।

इन दोनों आदमियों के पास कोई चारा नहीं था। वे चाह कर भी मेरी मदद नहीं कर सकते थे क्योंकि वहां दूसरे पुलिसवाले भी मौजूद थे। आमतौर पर जब किसी को पुलिस की गाड़ी में लाया जाता था तो ड्राइवर ही बताता था, सार! इस औरत को यहां...वहां देखा गया, यह औरत... यहां तो ड्राइवर भी चुप्पी साधे खड़ा था। आखिर में, मेरे भाई (जिसे मैंने भाई के तौर पर पेश किया) को बुलवाया गया और मुझे उसके साथ भेज दिया गया।

कुएं में गिरने व लोगों की मदद न कर पाने की बेचारगी, ये दोनों बातें हमेशा के लिए मेरे ज़ेहन में बस गईं, सचमुच उनकी लाचारी देखने लायक थी। जहां मैं बैठी थी, वो वहां कई बार चक्कर मारने आते पर मुंह से एक शब्द तक नहीं कह सके।

त्रिश्शूर ज़िला अस्पताल के पास ही एक ऑटो रिक्शा चलाने वाला था, जो हमें काम पर ले जाता व लाता था। एक दिन किसी ने मुझे साथ लिया और कम्युनिस्ट पार्टी के दफ्तर में इंतज़ार करने को कहा। दिन में हम कई बार आटो रिक्शा से दफ्तर गए। कुछ लोगों ने अंदाज़ लगा लिया कि मुझे उस आदमी के लिए लाया गया था। उन्होंने उसकी इज़्ज़त धूल में मिलाने का फैसला कर लिया। शाम को हम काफी अंधेरी जगह में, पहाड़ी पर चढ़कर एक बंगले में पहुंचे। रात के दस-ग्यारह बज रहे थे और हम वहां फंसे हुए थे। ग्राहक हमसे नहीं मिल सका क्योंकि उस पर नज़र रखी जा रही थी लेकिन हम यह नहीं समझ सके कि वो सामने क्यों नहीं आ रहा था।

जब हम वहां इंतज़ार कर रहे थे तो अचानक हमें चारों ओर से लोगों ने घेर लिया। वे हाथ में टॉर्च थामे, चंबल के डाकुओं जैसे दिख रहे थे। उन्होंने मुझे पकड़कर पूछताछ शुरू कर दी। वे मेरे ग्राहक के बारे में जानना चाहते थे, जिसके बारे में मुझे कुछ नहीं पता था। मैंने उन्हें बताया—'मैं कुछ नहीं जानती, जो मुझे यहां लाया है, उसने मुझे नहीं बताया कि मेरा ग्राहक कौन है।' जब काफी पूछने पर भी मैंने कुछ नहीं बताया तो वे ऑटोवाले के पीछे पड़ गए। वे उसे धमकाने लगे और कहा कि वो मुझे किसी राजन नाम के आदमी के लिए लाया है। मैं लगातार मना करती रही।

आखिर में उन्होंने एक तरीका खोज निकाला। उन्होंने कहा—'हम इस ऑटोवाले को भेज देंगे, तुम यहीं रुको। हम जानना चाहते हैं कि 'कौन तुम्हारे बारे में पूछने आ रहा है।' मैं मान गई। हम दो पहाड़ियों के बीच से निकलने वाले नाले के किनारे थे। वे करीब आठ लोग थे। उन्होंने मेरे आस-पास घेरा डाल लिया। अंधेरा इतना

घना था कि हमें एक-दूसरे का चेहरा देखने के लिए भी टार्च की रोशनी डालनी पड़ रही थी। मैं बैठ गई और धीरे-धीरे अपने-आप को घास के पीछे छिपाती रही, मैं धीरे-धीरे घेरे से बाहर खिसकने लगी और थोड़ी दूरी तक पहुंच गई। वहीं एक झाड़ी थी, जो 'यू' के आकार में मुड़ी हुई थी। वो जगह कीड़े-मकोड़ों और सांपों से भरी थी। मैं उसी में छिप गई।

उन्हें थोड़ी देर बाद पता चला कि मैं उनके चंगुल से छूट गई हूं। फटाफट, चारों ओर तलाश की जाने लगी। कुछ लोग सड़क की तरफ भागे तो कुछ बंगले की ओर...। उनमें से दो, चुपचाप मेरे छिपने की जगह के पास आकर खड़े हो गए। मेरे हिसाब से उन्होंने मुझे छिपते देख लिया था। वे चुप रहे ताकि मैं अपनी जान बचा सकूं। वे मुझे गुपचुप ऑटो के पास भी ले गए।

यह कुछ ऐसा ही था मानो किसी अनदेखी ताकत ने मेरी जान बचाई वरना मुझे पूरा यकीन है कि राजन को रंगे हाथ पकड़ने की चाह घटते ही, वे मेरा फायदा उठाने की कोशिश करते। वैसे उन्हें यह तय करने में बड़ी मुश्किल होती कि सबसे पहले किसकी बारी आएगी। वे सचमुच इज़्ज़तदार लोग थे, इज़्ज़तदार लोग—जो राजन को पकड़ना चाहते थे।

कंपनी हाउस

इसके बाद मैंने वावान्नूर जाने का फैसला किया। मैंने वहां रोज़ा चेच्ची, शीला, कार्तयायनी और दूसरी लड़कियों के साथ मकान किराए पर ले लिया। रोज़ा चेच्ची हमारी नेता थी और उसमें एक नेता की सभी खूबियां थीं। उसकी पीठ पर तजुर्बेकार लोगों का हाथ था। शीला, कार्तयायनी और मैं, नए खिलाड़ी थे।

वावान्नूर का कंपनी हाउस सुनसान जगह पर था। हमारे कोई पड़ोसी नहीं थे। एक किनारे पर नहर बहती थी। वहां दूसरी ओर आम के पेड़ों का झुरमुट था और दूर-दूर तक गोल पत्थरों की कतारें थीं। अगर मुझे अच्छी तरह याद है, तो उन दिनों ऑटो रिक्शा का इतना चलन नहीं था। लोग गाड़ियों (कार) में आते-जाते थे। कूटानाड, पाट्टाम्बी और मेज़ाटूर के आस-पास दलाल रहते थे। लोग उन्हीं के ज़रिए हम तक पहुंचते थे।

आमतौर पर आड़ के लिए, इन मकानों पर किसी कंपनी के नाम की तख़्ती टांग दी जाती थी, वहीं से इनका नाम 'कंपनी हाउस' पड़ा। कई मामलों में ये बड़े-बड़े 'तारवाड़' होते थे, जो बाद में 'कंपनी हाउस' बन जाते। हमारे यहां नायर परिवारों के बड़े-बड़े घर 'तारवाड़' कहलाते हैं। आमतौर पर खानदानी नायर औरतें ही इन्हें चलातीं।

कंपनी हाउस में दलालों के अलावा गुंडे भी होते थे। हमारे साथ मानुक्का और कुनप्पा रहते थे। इन दोनों में से कुनप्पा सचमुच ठग था। पहले ही दिन, हम दोनों में झगड़ा हो गया। जब मैं सीढ़ियां चढ़ रही थी तो उसने मुझे कोंचा। मैंने उसके मुंह पर थप्पड़ दे मारा। रोज़ा चेच्ची ने हमारी सुलह करवाई। उसने मुझे समझाया कि मुझे कुनप्पा को खुश रखना चाहिए और उससे दुश्मनी नहीं लेनी चाहिए। उसने उसे समझाया कि मैंने जान-बूझ कर थप्पड़ नहीं मारा, वह तो गलती से लग गया था। वो मामला वहीं निपट गया।

खुशियों भरे दिन

मानुक्का मेरा बड़ा प्यारा था। मैं जब भी मुसीबत में होती तो, वो मेरा ध्यान रखता, दिलासा देता। वह छह फुट लंबा था। उसे औरतों के साथ सैक्स करने की बजाय छूना व प्यार जताना अच्छा लगता था। उसे मर्दों के साथ सैक्स करना पसंद था। वह अपने पिता की दूसरी बीवी से पैदा हुआ था और बहुत कुछ झेल चुका था। उसने कभी शादी नहीं की। जब कुनप्पा एक पुलिस मामले में शामिल होकर, वह जगह छोड़ गया तो मानुक्का के साथ मेरा प्यार और भी गहरा गया।

हम कुन्नमकुलम के रीगल होटल के अलग कमरे में जा बैठते और देर तक बातें करते। सचमुच वो खुशियों भरे दिन, तेज़ी से पंख लगाकर उड़ गए। मैं समय-समय पर अपने घर पैसे भेजती। हालांकि मैं घर वापस जा सकने की हालत में नहीं थी, पर वे मेरी कमाई रख लेते थे। मैं अपनी सहेली के हाथों, सासू मां को रुपये भेजती।

उन दिनों हमें काफी आज़ादी थी। उन दिनों, आजकल की तरह सामाजिक परेशानियां नहीं थीं और न ही पुलिस के छापे पड़ते थे। भोंडे तरीके से घूरने का भी चलन नहीं था। सिद्दीकी नाम के ग्राहक के साथ बीते समय की रंग-बिरंगी यादें अब भी ताज़ा हैं। हम पांच थे—मानुक्का, कुनप्पा, हम दोनों और एक चाहने वाला 'इस्माइल'। आजकल होने वाले 'गैंग रेप' से अलग, वह सचमुच एक जश्न था। हम सब एक साथ शराब व सिगरेट का मज़ा लेते। मैं सिद्दीकी के साथ शरीर-सुख लेती और मानुक्का के पास सोती।

हम ज़्यादा समय तक ऐसा नहीं कर सके। मेरी रोज़ा चेच्ची से अनबन हो गई। मैं उसकी इजाज़त से, उसके प्रेमी अबू के साथ रात बिता चुकी थी लेकिन उस समय मैंने जो कपड़े पहन रखे थे, वे फटे हुए थे। अबू ने यह देखा तो वह अगले दिन मेरे लिए लहंगा ले आया। वह यह सह नहीं सकी, उसने गुस्से में उफनते हुए, मेरा संदूक खोला, मेरे सारे कपड़े बाहर निकाले और उनमें आग लगा दी। मैंने जो

धोती-ब्लाउज़ पहन रखा था, उसके अलावा बाकी सारे कपड़े जलकर राख हो गए। उस समय, गोपालकृष्णन नाम का ग्राहक मेरी मदद के लिए आगे आया। वह शहर गया और मेरे लिए नए कपड़े लाया।

वैसे, और भी कई वजह से वहां रहना मुश्किल होता जा रहा था। कुनप्पा कत्ल के मामले में उलझा था, जो उसने अपनी दुश्मनी की वजह से किया था। पुलिस ने कंपनी हाउस में पूछताछ करनी शुरू कर दी। मैं त्रिशूर में अमला हस्पताल के पास अपनी सहेली के घर चली गई। उस जगह को अपना गढ़ बना लिया और वहीं से कंपनी हाउस आने-जाने लगी।

कुछ दिन तक इट्टीरुअम्मा नाम की नायर औरत का तारवाड़ भी मेरा अड्डा रहा। कोई रामन नायर उसके साथ रहता था। वही उसका पति, मैनेजर और दलाल सब कुछ था। यह कंपनी हाउस, पालाक्कड़ में कूट्टानाड के पास था। इट्टीरुअम्मा के किसी नम्बूतिरी के साथ नाजायज़ संबंध थे। हमारे यहां ऐसे वैवाहिक संबंध, नायर स्त्रियों व मलयाली ब्राह्मण पुरुषों के बीच होते हैं। हालांकि समाज इन्हें मानता है लेकिन बच्चे मां के ही नाम से जाने जाते हैं व पिता का रोल ज़्यादा नहीं होता। रामन नायर सचमुच एक मैनेजर ही था। वहां सब तिकोने प्रेम संबंधों में उलझे थे। वे सब इस बारे में जानते भी थे इसलिए ये संबंध काफी मज़बूत थे। मानुक्का भी उसी घर में था।

जब सिद्दीकी खाड़ी देश चला गया तो पुरानी मंडली टूट गई। उसके बाद मैंने मानुक्का को नहीं देखा। मेरे मन में अब भी आस है कि शायद हम कभी मिलेंगे। जहां मैं रहती थी, रोज़ा चेच्ची अक्सर वहां आकर तमाशा खड़ा करती रहती थी। मैं नहीं जानती कि अब वो कहां है।

मैं कुछ समय के लिए दूसरे नायर तारवाड़ में भी रही। दलाल उस घर में ग्राहकों को गाय के खरीदार बनाकर लाते। अंदर हमारा करोबार चलता और बाहर गौओं के मोल-भाव का नाटक होता था। यह सब आस-पास के लोगों को भुलावा देने के लिए था। हालांकि वे लोग सच जानते थे लेकिन हम सबके बीच एक अनजानी व अनकही दोस्ती थी।

'महारानी'

यह उन दिनों की बात है, जब मैंने रोज़ा चेच्ची से अनबन के बाद त्रिशूर शहर में ग्राहकों के इंतज़ार में घूमना शुरू कर दिया था। वह सब मुझे पसंद नहीं था। शहर में दिन-रात यहां-वहां भटकने में कोई मज़ा नहीं था। जो लोग शहर में रात काटते, उनके लिए नहाने की बड़ी परेशानी थी। शहर के पास वाले तालाब या नदी में

नहाना खतरे से खाली नहीं था, वहां कभी भी गलत लोगों से मुठभेड़ हो सकती थी। दूसरा तरीका था कि शहर में बने, नहाने के कमरों का इस्तेमाल किया जाए। उन कमरों को चलाने वाले, हमें वहां जाने नहीं देते थे। एक अच्छा होटल खोजना भी बहुत बड़ी सिरदर्दी थी। सारी जगह सुरक्षित नहीं होती थीं। एक बार खाने की सही जगह मिल जाने के बाद, पूरा दिन फिल्में देखकर काटा जा सकता था। आठ बजे के बाद, हम ग्राहकों की तलाश कर सकते थे। उस एक घंटे के दौरान पुलिस की आवाजाही ज़्यादा हो जाती थी क्योंकि वह उनकी ड्यूटी बदलने का वक्त था। उस समय वे लोग ज़्यादा परेशान करते। अगर कोई अच्छा ग्राहक मिल जाता तो रात आराम से कट सकती थी। अगर ग्राहक न मिलता तो रात काटना भारी पड़ जाता। वो सचमुच काफी मुश्किल वक्त था।

जो दिन में ग्राहकों का इंतज़ार करतीं, उनकी अपनी परेशानियां थीं। वे किसी के घर काम करने या बच्चों की देखरेख के काम का बहाना बनाकर शहर आतीं। उन्हें वक्त का बड़ा ध्यान रखना पड़ता था। अड्डों पर खड़े होकर ग्राहकों का इंतज़ार करना भी आसान नहीं था। अगर आपको कोई ग्राहक और पैसे मिल भी जाते, तो भी मुसीबत यहीं खत्म नहीं होती थी। आपको वापस लौटने के समय का इंतज़ार करना पड़ता।

एक दिन भटकते-भटकते मन ऊब गया, तो मैं यूं ही कोझीकोड चली गई। मैं वहां एक बगीचे में आराम कर रही थी। तभी वहां एक आदमी आया और बोला, 'मेरा नाम राजन है। क्या तुम मेरे साथ आओगी?' वह वहां का जाना-माना दलाल था। तभी उसने सिर्फ नाम बताया। उसने सोचा कि मैं पहले वहां आ चुकी थी। उन दिनों, कोई भी आसानी से किसी सैक्सवर्कर को पहचान सकता था। हमारे चेहरे के मेकअप से ही अंदाज़ा हो जाता था। उसने कहा, 'मेरे साथ महारानी होटल चलो, तुम जितना चाहोगी, उतना पैसा दूंगा।'

मैं वहां भटकने के मूड में नहीं थी इसलिए मैंने उसकी बात मान ली। हमने महारानी होटल में जो कमरा लिया, वो काफी खास था। आप बड़े कमरे में जाते तो उसके साथ ही एक छोटा दरवाज़ा था, जो कि एक छोटे कमरे में खुलता था। उसके बीचोंबीच एक चारपाई थी। वहां रोशनी नहीं थी। सैक्स के बाद वो आदमी हमें देख नहीं पाता था। जब मैं वहां बार-बार जाने लगी तो एक आदमी मेरे पास लगातार आने लगा। वह सिनेमा के लिए कुछ करता था। मुझे तो उसकी तकनीकी बातें पल्ले नहीं पड़ती थीं।

वह मेरा चेहरा देखना चाहता था। उसने बड़ी कड़ाई से अपनी बात कही तो राजन ने कमरे की बत्ती जला दी। वह आदमी मुझे देखकर अचंभे में पड़ गया।

उसने सोचा था कि हम बदसूरती की वजह से किसी को अपना चेहरा नहीं दिखाते। वहां आने वाले लोग जल्दी से अपना काम निपटाकर लौट जाते लेकिन ये आदमी मुझसे बात करना चाहता था। उसने पूछा, 'तुम इतनी खूबसूरत हो, फिर अंधेरे में क्यों रहती हो ?' मैंने उसे बताया कि हमें वहां काम करने के लिए ऐसे समझौते करने पड़ते थे, लेकिन ये नहीं पता कि उनकी ज़रूरत क्या थी ? आमतौर पर लोग दिन में चले जाते और रात को लौटते। वे अक्सर हमारी तारीफ नहीं करते थे इसलिए मुझे वो आदमी पंसद आने लगा।

मुझे पहली बार रोशनी में देखने पर, उसके चेहरे पर जो भाव उभर आया था, वह आज भी मेरे मन में बसा है।

एक 'दिमागी मरीज़'

त्रिश्शूर में ही मैं सलीम नाम के आदमी से मिली। जब उसने मुझे देखा तो वह एक गाड़ी में था। उसने मुझे गाड़ी में बिठा लिया। जब हम एक-दूसरे को जान गए तो उसने मुझे बताया कि वो स्टेज पर काम करता था। ऐसा लगता था कि वह काफी मशहूर भी था। वह मुझे गुरुवायूर ले गया और हमने एक होटल में कमरा ले लिया।

उसे इस बात का डर था कि कहीं कोई मुझे पहचान न ले। उसने मुझे बताया कि होटल में कमरा लेते समय उसे कई झूठ बोलने पड़े, मसलन मैं उसकी बीवी थी जो कि दिमागी तौर पर पागल थी, हम वहां इलाज कराने आए थे, मुझे रात को सोते समय दवा की जगह थोड़ी शराब देनी पड़ती थी। गुरुवायूर आने वाले शादीशुदा जोड़ों के पास आमतौर पर एक अटैची होती थी। अगर होटलवालों को ज़रा-सा भी शक होता तो वे किराया बढ़ा देते। हो सकता था कि कोई पुलिस को भी खबर कर दे। उसने मुझे दिमागी पागल इसलिए बताया ताकि अगर मैं एक बीवी की तरह पेश न आ पाऊं तो मेरी बीमारी का बहाना बनाया जा सके। इसके बाद वो मुझसे कई बार मिलने आया। मेरे त्रिश्शूर छोड़ने तक, वो रिश्ता यूं ही चलता रहा। एक ऐसा रिश्ता, जो सड़क पर ही बना और वहीं खत्म हो गया।

छापा और साड़ी

पालक्कड़ के वेलायुद्धन से मैं चेट्टीयांगड़ी में मिली थी, वह अचानक ही मेरा ग्राहक बन गया। वो बड़ी कपड़ा-मिलों का माल बेचने वाले की हैसियत से काम करता था। वो बड़ा दिलवाला आदमी था, वो मुझे महंगे होटलों में ले जाता और साड़ियां खरीदकर देता।

इन साड़ियों के पीछे भी एक मज़ेदार कहानी है। एक बार मैं मंदिरों के शहर चोट्टानीक्करा गई, मैं वहां एक जोड़ी कपड़ों में ही गई थी। उसने दोबारा मंदिर चलने को कहा तो मैंने एक चादर लपेट ली और सारे कपड़े धोकर सूखने के लिए डाल दिए। अचानक पुलिस ने दरवाजा खटखटाया। यह बड़ी खतरनाक घड़ी थी, मैं कपड़ों के बिना गिरफ्तार हो सकती थी। बेलायुद्धन की वजह से हालात संभल गए और मेरी जान बची। जब पुलिस ने उससे मुझे बुलाने को कहा तो उसने बड़े तरीके से समझा दिया कि उसकी बीमार पत्नी दवा लेकर आराम कर रही है। उसका अंदाज़ इतना दिलकश था कि पुलिस बीमार बीवी और उसकी नींद टूटने वाली सारी बात को पचा गई। इसके बाद वो जब भी आता, मुझे एक साड़ी खरीद कर देता।

विश्वनाथन की पढ़ाई

एक बार त्रिश्शूर के किसी ग्राहक की सलाह पर मैं कलामास्सरी चली गई। मैं घड़ी फैक्टरी के पास रहने वाली सहेली से मिलने गई थी। मैं वहां एक छोटी दुकान के पास इंतज़ार कर रही थी। वहां से गुज़रने वाले लोग घूरते जो कि काफी मज़ेदार था।

तभी वहां एक आदमी आया। एक गंजा-सा, लंबा आदमी जो देखने में ही ठग लगता था। वह सिगरेट फूंक रहा था और बड़े अजीब तरीके से मुस्करा रहा था। मैंने यह नहीं सोचा कि वो कोई बड़ा अफसर था, मुझे यही लगा कि वो कोई लंपट पैसेवाला था। उसने पूछा कि मैं किसका इंतज़ार कर रही थी, तो मैंने नाम बता दिया।

उसने सिगरेट जलाकर माचिस की तीली एक ओर उछाली व फुसफुसाकर पूछा कि क्या मैं उससे मिलना चाहूंगी? मैं अमीरज़ादों को नज़रंदाज नहीं कर सकती। इसकी भी दो वजह हैं। एक तो, ये लोग इज़्ज़त से पेश आने की कोशिश करते हैं (हालांकि वो सिर्फ कोशिश ही होती है) दूसरे, वे आपको, आपकी मर्ज़ी के होटल में ले जाते हैं, पैसा देते हैं और आधी रात को होटल के कमरे से बाहर नहीं धकेलते।

मैंने 'हां' कह दी। वह जानना चाहता था कि क्या हम त्रिश्शूर में मिल सकते थे। इससे मैं उलझन में पड़ गई क्योंकि मैं तो रात को के.एस.आर.टी.सी. बस अड्डे के पास ही मंडराती रहती थी। अगर मैं यह बात उसे बताती तो वो मुझे घटिया सैक्स वर्कर समझ लेता। इससे मुझे शर्मिंदा होना पड़ता। बेहतर था रामदास से रागम थियेटर जाने वाले मोड़ पर इंतज़ार की जाए। अब ये कहना भी खतरे से खाली नहीं था क्योंकि वहां काफी खूबसूरत औरतें होती थीं, वो उन पर फिदा हो सकता था।

इसलिए मैंने उससे कहा कि मैं रामदास से थोड़ी दूरी पर मिलूंगी। वो एक ठीक जगह थी, कोई यह भी नहीं सोच सकता था कि मैं एक सैक्स वर्कर थी और वहां किसी दूसरी औरत का डर भी नहीं था।

जहां तक मेरा सवाल था, मुझे कूल्हे और बाजू हिला-हिला कर ग्राहक बुलाना पसंद नहीं था। ग्राहक को अपने-आप मेरे पास आना चाहिए। (वैसे ये बात भी थी कि जहां मैं पांच बार खड़ी हो जाती, वही अड्डा बन जाता था) मैं आमतौर पर मिलने के लिए दो तरह के समय पसंद करती थी। या तो फिल्म की शुरुआत में या फिर आखिर में। अगर लोग फिल्म शुरू होने से पहले मुझे देखते तो यही मानते कि मैं अपने पति व बच्चों का इंतज़ार कर रही हूं, फिल्म खत्म होने के बाद देखते तो सोचते कि मेरा परिवार मुझे लेने आने वाला है।

पहली बार, वो सही समय पर आया। उसने मुझे एक शानदार साड़ी खरीदकर दी और पहनने को कहा। यह सारी तैयारी इसलिए की जा रही थी ताकि लोगों को लगे कि मैं उसकी ब्याहता हूं। उसके बाद उसने मुझे सोने का पानी चढ़ा मंगलसूत्र भी खरीद दिया। फिर हम शोरनूर चले गए। उस जगह सैक्स वर्करों को खुले आम कमरा मिल जाता था। वह मुझे रामदास थियेटर से नहीं लेता था। मैं एक बस में बैठती और अमला से पहले उतर जाती। फिर वह अपनी मोटरसाइकिल पर आता और हम शोरनूर जाते।

हम जब भी मिलते तो वह मुझे साड़ी और मंगलसूत्र देता। मुझे विश्वनाथ की सोहबत की बजाय, इन तोहफों से ज़्यादा रोमांच होता था। वह मेरे साथ साड़ी व चेन की बजाय सफर और दूसरी बातों में ज्यादा खर्च करता था लेकिन यह बिल्कुल अपनी तरह का तजुर्बा था। उसका इंतज़ार करना भी आसान नहीं था। वो पहले दिन ही वक़्त पर आया था। इसके बाद वो अक्सर देर से आने लगा। वो कहता कि काम से देर से छुट्टी मिली या वो दोस्तों से पीछा नहीं छुड़ा सका। कई बार इसी इंतज़ार के दौरान दूसरे लोग मुझसे पूछने आ जाते। मैं बताती कि मैं तो किसी का इंतज़ार कर रही हूं। थोड़ी देर बाद, वो लौटते और मुझे वहीं खड़ा पाते तो लड़ाई हो जाती। ये बड़ी अजीब-सी सिरदर्द थी। अगर कभी वो पहले आ जाता तो अपनी गाड़ी पर झुका खड़ा मिलता या इधर-उधर घूमता दिखाई देता। मैं दौड़-दौड़ कर वहां पहुंचती।

विश्वनाथन एक अजीब आदमी था। वो ज्यादा सुंदर नहीं था और उम्र भी चालीस से ऊपर थी। उसे गाड़ी चलाने में बड़ा मज़ा आता था और मुझे मोटरसाइकिल पर बैठने से डर लगता था। मैं बैठते वक़्त उसे कसकर पकड़ लेती। जब एक बार हम गटर में गिरे, तब भी मैंने उसे कसकर पकड़ा हुआ था। उसे इस काम से बड़ी खुशी मिलती थी। वो यादें आज भी मेरे ज़ेहन में ताजा हैं। जब मैंने भाग्यराज की

फिल्म 'चिन्नवेड्डु' में हीरो को तेज़ी से मोटरसाइकिल भगाते व उसके पीछे बैठे डरे हुए इंसान को देखा तो मुझे समझ आया कि यह सब किसलिए था।

विश्वनाथन घड़ी फैक्टरी का एक आला अफसर था। उसका परिवार था— बीवी और बाल-बच्चे थे। जिस तरह वो पैसा लुटाता था, उसे देखकर लगता था कि उसके पास रुपये-पैसे की कमी नहीं थी। उन दिनों ग्राहक, काफी हद तक पतियों जैसे होते थे। हम उनसे कुछ नहीं पूछ सकते थे लेकिन वे हमारे बारे में छोटी-से-छोटी बात जानना चाहते थे। अगर वे कुछ बताते भी तो काफी अकड़ से अपनी ही तारीफें करते। विश्वनाथन मुझे अच्छे महंगे होटलों में ले जाता लेकिन ऐसा लगता कि मैं किसी स्कूल में ही हूं। वह सलाह देता—साड़ी का पल्लू इस तरह खोंसों, साड़ी के पल्लू से मुंह मत पोंछो, खाते समय किसी को मत घूरो, ये मत करो, वो मत करो—मैं इन सबसे तंग आ गई, इससे मेरा दम घुटने लगता था। गपशप करने में तो मुझे मज़ा आता था, हमारे पीछे कौन बैठा है, वो उसकी बीवी है या कोई और? यह पता लगाना कि क्या तड़क-भड़क वाली लड़कियां ज्यादा पैसा कमा रही हैं, मेरे मनपसंद मुद्दे थे।

एक बार गुरुवायूर के एलाइट होटल में, मैं कुर्सी में उकड़ूं होकर बैठ गई तो उसने कहा, ''ऐसे मत बैठो, सीधी बैठो, अपनी बाजुएं इस तरह रखो।'' लेकिन वो सब मेरे दिमाग से छूमंतर हो जाता था। वो इन बातों पर बहुत ध्यान देता था। जब मुझे लगा कि मैं सही तरह पेश नहीं आ रही तो मैंने अपने हाथ कसकर बांध लिए। मैं उसे व मैनेजर को देखने लगी, जो मेरी हर बात पर नज़र रखे हुए था। वो मुझे जितना सही तरीके से बर्ताव करने को कहता, मैं उतनी ज़्यादा गलतियां करती।

बिस्तर में भी उसकी हिदायतें जारी रहतीं। 'खर्राटे मत लो।' वह कहता, 'खर्राटे भरने वाले लोग अच्छे नहीं होते इसलिए ध्यान रखो।' जब वो सो जाता तो इतनी ज़ोर से खर्राटे भरता, मानो भीम लड़ाई के मैदान में गरज रहे हों। वो पूछता कि क्या मैं नींद में खर्राटे लेता हूं। मैं बड़े नखरे से कहती कि वो तो बिल्कुल खर्राटे नहीं मारता। उसकी बीवी ने भी उससे यही कह रखा होगा—'विश्वेट्टन, तुम तो बिल्कुल खर्राटे नहीं मारते।' वो भी उसकी चापलूसी कर रही होगी। जब भी मैं सोने जाती तो वह सलाह देता कि मुझे मुंह धोए व दांत मांजे बिना नहीं सोना चाहिए। हालांकि उसके मुंह के कोनों पर बचे खाने के कतरे देखे जा सकते थे।

हम दोनों वहां एक साथ जाते थे इसलिए होटल वाले हमें शादीशुदा समझते थे। वो हमेशा करीब आधी बोतल शराब लाता था। वो तो मेरे लिए एक बूंद के बराबर थी। उन दिनों मैं छोटे-बड़े पैग के बारे में नहीं जानती थी। मेरा तो सीधा-सा हिसाब था : बोतल लो, जितनी पीनी हो, गिलास में उड़ेल लो। मुझे उसके तरीके का पता

था इसलिए उसके आने से पहले ही मैं अपना इंतज़ाम कर लेती। वो मुझे थोड़ी-सी शराब देकर ढक्कन बंद कर देता। जब वो चला जाता तो मुझे जितनी पीनी होती, अपने-आप ले लेती। वो यह देखकर हैरान हो जाता कि मुझे ज़रा-सी शराब से ही नशा हो जाता था। उसे थोड़ी देर बाद शराब का असर होता लेकिन मैं फिर भी काबू में रहती और उसकी बेवकूफी से भरी बातें सुनकर ज़ोर-ज़ोर से हँसती, वो कहता, 'तुम इतनी ज़ोर-ज़ोर से हँस रही हो, लगता है कि तुम्हें चढ़ गई है।' मैं मन-ही-मन सोचती— 'यह भी कितना बेवकूफ है?' वो यह जानकर नाराज़ हो सकता था कि मैं उसकी जितनी शराब पी सकती थी। मैं एक औरत थी इसलिए वो मेरी शराब में, पानी ज्यादा मिलाता जबकि मुझे ज्यादा शराब में थोड़ा पानी मिलाकर पीना पसंद था। जब उसकी बातचीत ज़रूरत से ज़्यादा सिर खपाने लगती तो मैं बहाना बनाकर उठ जाती। खैर जो भी हो, मेज़ पर खाने-पीने की आदतें मैंने उसी से सीखीं।

विश्वनाथन बहुत बोलता था। वो अपने नीचे काम करने वालों की गलतियां और अपने अफसरों के मुंह से निकली तारीफें दोहराता रहता—हर बार एक ही कहानी होती थी। दो-चार बार सुन लेने के बाद वो सब कुछ बरदाश्त करना मुश्किल हो जाता। लेकिन मुझे उसे ऐसा ही एहसास देना पड़ता कि मैं बड़े ध्यान से उसकी बात सुन रही हूं। मैं बीच-बीच में पूछती—'अच्छा! क्या सचमुच ऐसा हुआ था?' जब सब कुछ काफी तकलीफदेह हो जाता और मुझे नींद आने लगती, तो भी मैं प्यार से कहती—'नहीं, मैं सुन रही हूं।' जब सब्र का बांध बिल्कुल टूट जाता तो मैं उसे कहती—'विश्वेट्टा! मुझे नींद आ रही है।' बस यही काम कर जाता क्योंकि उसे मेरे मुंह से विश्वेट्टा सुनना पंसद था।

विश्वनाथन की कहानियों में, हमेशा वही हीरो होता। उसने ये किया, उसने वो किया, उसने अपने से छोटे अफसर को कैसे सबक सिखाया, कैसे उसकी तारीफ हुई, कैसे उसने चालबाज़ फलवाले को शर्मिंदा किया। कैसे उसके बेटे ने सुबह हाथ हिलाकर उसे टा-टा कहा और उसकी बीवी ने कहा—'विश्वेट्टा जल्दी आना।' वो हर जगह, एक चमकता सितारा था।

इसी बीच वो मांग करता कि मैं भी कुछ कहूं। मैं उसे अपनी सहेलियों के बारे में बताती। जब ग्राहकों ने पैसे नहीं दिए तो उन्होंने कैसा हंगामा मचाया, वगैरह-वगैरह। वो मुझे बीच में ही टोक देता—'ऐसी घटिया बातें मत करो। सैक्स के पहले ही पैसों की बात करने से सारा मज़ा किरकिरा हो जाता है।' वो इस बात के लिए मेरी तारीफ करता कि मैंने ऐसा नहीं किया तो मेरे लिए हँसी रोकना मुश्किल हो जाता। मैंने उससे पहले ही पैसों की बात इसलिए नहीं की थी क्योंकि मुझे पूरा भरोसा था कि वो पैसे दे देगा।

जब भी मैं अपनी सहेलियों की बात करती तो वह ज़रूर कहता—'इन गंदी औरतों के बारे में नहीं, कोई दूसरी बात करो।' इससे मुझे गुस्सा आ जाता। मैं भी पलटकर कहती—'कल मैं एक 'सार' के साथ बाहर गई थी।'

ग्राहक भी तीन तरह के होते हैं। आस-पास रहने वाले आम ग्राहकों का नाम ले सकते हैं। अगर थोड़े बेहतर हैं तो उनके नाम के साथ 'चेट्टन' लगा सकते हैं लेकिन 'सार' कहने का मतलब है कि सचमुच किसी ऊंचे दर्जे के आदमी की बात हो रही है। जब मैं 'सार' कहती तो वह ऐसे जवाब देता मानो दुनिया में बस वही एक 'सार' है : 'अच्छा, कोई पुलिसवाला होगा।'

'नहीं, तुम्हारी तरह बड़ा अफसर था।'

इससे उसके चेहरे का रंग फीका पड़ जाता। एक दिन मैंने उससे कहा— 'विश्वेट्टा! कल मैं एक बड़े रंगीले ग्राहक के साथ थी।'

'कौन था वो?'

'ए. गोपीएट्टन।'

नाम सुनकर उसे कुछ चैन आया।

'वो सचमुच बड़ा अच्छा और सुंदर भी था।'

'सुंदर,' सुनकर वो चिंता में पड़ गया।

'उनकी सुंदरता किस काम की? उनकी सारी कमाई तो बीवियों की जेब में जाती है। और वैसे भी, एक पुलिसवाला कितना कमा लेता है?'

एक दिन मैंने एक और कहानी बनाई कि मैं किसी दूसरे 'सार' के साथ जाती रही हूं। ऐसा कुछ नहीं था, बस उसे जलाने के लिए कहा था।

उसने पूछा—'कौन 'सार'?' अरे, वो 'कोई सार' नहीं होगा, बस ऐसे ही कोई काम करता होगा।'

मैंने अपनी बात पर ज़ोर दिया—'नहीं, सचमुच का 'सार' है!' यह सुनकर उसका मन काफी उखड़ जाता था।

अगर मैं उसे ज़्यादा पैसे देने वालों के बारे में बताती तो वह मुंहतोड़ जवाब देता—'ज़्यादा दाम, ज़्यादा काम।'

इन सबके बावजूद वो मुझे कोई नुकसान नहीं पहुंचाता था। जो लोग ज़्यादा बोलते हैं, हो-हल्ला मचाते हैं, बिस्तर में ठीक तरह पेश आते हैं। ज़्यादा बोलने से उनके दिमाग से 'सिर्फ सैक्स' की सोच हट जाती है। ज़्यादा बोलने से सैक्स की उमंग भी जाती रहती है।

मैं ऐसे लोगों के साथ नहीं रह सकती, जो ज़्यादा लंबे समय तक मुझ पर हक जमाए रखना चाहते हैं। एक दिन मैं उससे मिलने नहीं पहुंची और हमारा नाता टूट गया।

मंगलौर में

मैं त्रिशूर में सहेली के घर ज़्यादा समय तक नहीं रह सकी, इसलिए मैंने मंगलौर में काम करना शुरू कर दिया। वहां के कंपनी हाउसों में सैक्स वर्क के लिए काफी सही माहौल था। सबसे पहले मैंने 'सुपारी' नाम के कंपनी हाउस में काम किया। हर दस दिन बाद, मैं एक से दूसरे कंपनी हाउस के चक्कर लगाती रही।

कुछ समय तक मैं एक ब्राह्मण के घर भी रही—वह अपनी मां, बेटे और बीवी के साथ रहता था। वहां मेरा रहना-खाना मुफ्त था। जब भी मुझे कोई ग्राहक मिलता तो मैं उन्हें कमीशन देती। मैं काम के लिए बाहर भी जाती थी। सचमुच, वहां तो मैं परिवार के एक सदस्य जैसी थी।

उसके बाद, जब मैं 'अनिला कंपनी' में थी तो वहां मेरी मुलाकात कोयक्का से हुई। वह उन दिनों लगातार 'रीना कंपनी' में आता-जाता था (यह उन औरतों के नाम थे, जो वे कंपनियां चलाती थीं) कभी-कभी कोयक्का हमारे यहां भी आता। जब हम नज़दीक आए तो उसने मेरे बारे में पूछा और मेरी ज़िंदगी की पूरी कहानी जाननी चाही। जब वो बार-बार हमारे पास आने लगा तो रीना ने आकर तमाशा खड़ा कर दिया। उसने मेरा संदूक उठा कर, किसी दूसरे को दे दिया। उसमें मेरा सारा सामान और कपड़े थे। कोयक्का ने सुना तो उसने मेरा संदूक वापस लाकर दिया।

उसने मुझे सलाह दी कि मैं मकान बदल लूं और कहीं किराए पर जाकर रहूं। मैं अपने मकान से ही सुपारी कंपनी में काम करने जाती रही। कोयक्का भी अक्सर आता। वो सचमुच आज़ादी के दिन थे, एक ऐसी ज़िंदगी, जहां किसी का डर नहीं था।

साईप्प की अंगूठी

मंगलौर में हरि नाम का दलाल था जो साईप्पन्नमार (गोरे लोगों) के लिए लड़कियां जुटाता था। उसने मेरे बारे में कोयक्का से सुना होगा कि एक सुंदर लड़की है—वो ऐसी है—वो वैसी है—कुल मिलाकर सब कुछ बेहद सुंदर! एक दिन हरि ने कोयक्का से कहा—'एक गोरा आदमी आया है, वह अपने लिए दूसरी बीवी चाहता है, जो बहुत सुंदर होनी चाहिए।' वह चाहता था कि मैं उस गोरे आदमी से मिलूं। इसलिए वो मुझसे आकर मिला। मैंने साईप्प यानी गोरे आदमी के साथ एक रात गुज़ारी। उसने मुझे पहले ही तीन सौ रुपये दे दिए थे। अब साईप्प मुझसे शादी करना चाहता था पर उसकी कुछ मांगें थीं। जब वो जहाज़ से घर आएगा, तो मुझे उसी के साथ रहना होगा। उसके लिए, वह मुझे एक घर बनवा देगा ताकि मैं आराम से रह सकूं।

मुझे ऐसी बातों पर बिल्कुल भरोसा नहीं था। आधी रात को उसने अपनी अंगूठी उतार कर मेरी अंगुली में पहना दी। यह काफी महंगी थी, जिसमें सात जड़ाऊ मोती थे। जिस समय सुबह होने लगी तो मुझे डर लगने लगा। अगर उसने कहा कि मैंने उसकी अंगूठी उड़ाई है, तो क्या होगा? मैं इतनी डरी हुई थी कि मैंने अगली सुबह वह अंगूठी हरि को दे दी और कहा कि मैं साईप्प से शादी करने को तैयार हूं, पर मुझे अंगूठी नहीं चाहिए।

हरि ने उस आदमी को वह अंगूठी नहीं लौटाई। अगले दिन साईप्प ने मेरे हाथ में अंगूठी नहीं देखी तो कोहराम मचा दिया कि मैंने शादी की हामी इसलिए भरी थी ताकि मैं अंगूठी ले सकूं। जबकि सच यह था कि मैं वह अंगूठी लौटा चुकी थी। मैं उसे किसी भी तरह यकीन नहीं दिला सकी कि मैंने हरि को अंगूठी लौटा दी है। वो उस दिन इतने गुस्से में था कि मेरे साथ रात बिताने के बाद, बिना पैसे दिए ही चला गया।

यहां तक कि मैं तब तक भी अपने घर पैसे भेज रही थी जबकि मैं अपने बच्चों या सासू मां से कभी नहीं मिली थी। एक बार जब मेरा पैसा बैरंग लौट आया तो मैंने एक सहेली की मदद से इस बारे में पता लगवाया। मेरे पति का छोटा भाई खाड़ी देश चला गया था और वहां से काफी रुपये भेजने लगा था, इसलिए उन्होंने तय किया था कि अब वे मेरी कमाई नहीं लेंगे। उन्हें डर था कि अगर वे इसी तरह मेरा भेजा पैसा रखते रहे तो मैं किसी दिन बच्चों पर अपना दावा जता सकती थी। बच्चों की भलाई के लिए उनसे रिश्ता तोड़ना ही बेहतर था। हालांकि ये काफी दर्दनाक था लेकिन उनकी खुशी में ही मेरी खुशी थी।

मैं अपने बच्चे पालने के लिए ही इस धंधे में आई बाकी कामों की तरह, यह भी कई बार काफी थका देने वाला लगने लगता। सिर्फ बच्चों की खातिर मैं सब कुछ करती रही। अब जबकि वो ज़िम्मेदारी खत्म हो गई, तो मैंने धंधा छोड़ने व कमाई का कोई दूसरा तरीका खोजने के बारे में सोचना शुरू कर दिया।

3

दोबारा शादी

जब कोयक्का ने मेरे सामने शादी की पेशकश रखी तो मैं काफी उलझन में थी, अगले कदम का कोई ठिकाना नहीं था। उसने मुझसे शादी करने व मंगलौर के किसी अलग हिस्से में किराए पर मकान लेकर रहने का वादा किया। उसने बताया कि उसकी पहले दो शादियां हो चुकी थीं, उन दोनों से कोई औलाद नहीं हुई तो उसने उन्हें तलाक दे दिया। उसने हमारे लिए एक शर्त रखी। अगर हमारी कोई औलाद न हुई तो वह इस रिश्ते को भी तोड़ देगा। अगर हुई तो हम हमेशा साथ रहेंगे।

उसके बारे में मेरी राय भी बुरी नहीं थी। मैंने उसकी पेशकश मानने का फैसला कर लिया। हम मंगलौर में शादीशुदा जोड़े की तरह किराए पर रहने लगे।

कोयक्का एक बंदरगाह में काम करता था। वो वहां माल ढोता था। वह एक इज़्ज़तदार मज़बूत काठी का आदमी था लेकिन मैं जल्द ही जान गई कि उसने मुझे पूरा सच नहीं बताया था। उसने मुझसे कहा कि वह अपनी दोनों बीवियों को छोड़ चुका था लेकिन यह दूसरी बीवी के लिए सच नहीं था। उसे बच्चा होने वाला था और अब वह बच्चे के साथ लौट आई थी।

कोयक्का हम दोनों को एक साथ रखना चाहता था। समाज की ओर से कोई मनाही नहीं थी। वह औरत भी भली थी, वह मुझे 'ताता' यानि 'बहन' कहती, लेकिन ज्यों-ज्यों दिन बीतने लगे, हमारे बीच कड़वाहट बढ़ने लगी। मुझे मेरी मनचाही पदवी नहीं मिल पा रही थी। मेरा स्वाभिमान मुझे दूसरा दर्जा कबूल नहीं करने दे रहा था। जब उसके मां-बाप भी साथ रहने आ गए तो हालात और भी बिगड़ गए।

हराम-हरात? (जायज़-नाजायज़)

तब मैं मां बनने वाली थी। मैंने बच्चा गिराने की सलाह दी, लेकिन कोयक्का नहीं

माना। उस घर में रहना दूभर होता चला गया। उसके बहन-जीजा भी हमारे यहां रहने आ गए। वे जान गए थे कि मैं सैक्स-वर्कर रह चुकी थी। उसके जीजा ने मुझे अपने साथ रात बिताने का न्यौता देना शुरू कर दिया। बेशक, अगर यह खबर फैल जाती तो गलती मेरी ही मानी जाती।

आखिर में, जब मुझे छह महीने का गर्भ था तो मैंने दूसरा मकान किराए पर ले लिया। ज़ीनत वहीं पैदा हुई। जब तक बच्ची पैदा नहीं हुई, कोयक्का हर बात का ध्यान रखता रहा, लेकिन उसके पैदा होने के बाद उसका मन उखड़ गया। मेरा मानना है कि उस पर दूसरों का असर था। उसका कहना था कि वह किसी ऐसी औरत के बच्चे को कबूल नहीं कर सकता, जो उसके धर्म की न हो।

जब एक बार उसने मुझसे भद्दा मज़ाक किया तो मुझे उसकी मंशा समझ आई। उसकी दूसरी बीवी की बच्ची 'नुसरत बानो' डेढ़ साल की थी, ज़ीनत तीन महीने की थी। नुसरत अपनी मां पर थी और ज़ीनत की शक्ल हू-ब-हू अपने अब्बा से मिलती थी। कोयक्का नुसरत को अपनी मां से मिलाने ले जा रहा था, मैंने उससे मेरी बेटी को भी ले जाने को कहा।

उसने मज़ाक-सा बनाते हुए कहा—'मैं तेरी बेटी को गाड़ी में ही छोड़ दूंगा।' 'हरात' (जायज़) बच्चे की देखभाल करनी चाहिए, हराम (नाजायज़) बच्चे की नहीं। मैं उन दोनों शब्दों का सही मतलब तो नहीं जानती थी लेकिन उसने जैसे बोला, उससे मेरे दिल को बड़ी ठेस पहुंची। इसके साथ ही मैंने फैसला कर लिया कि मैं किसी ऐसे आदमी को खोज लूं, जिसे ज़ीनत अब्बा कह सके, फिर उसकी परवरिश किसी मुसलमान की तरह ही होगी।

जब मुझे पता चला कि कोयक्का बच्ची को अपनाने से मुकरना चाहता है तो मैंने चौबीस महीने पुरानी शादी को तोड़ने का फैसला कर लिया। उसके तलाक देने से पहले, मैं तलाक देना चाहती थी। आखिर में, हमारे बीच एक समझौता हुआ कि तीन महीने बाद, जब मुझे कमाई का कोई ज़रिया मिल जाएगा तो मैं वापस लौट जाऊंगी।

तीन महीने बाद, जब मैं जाने लगी तो उसने मुझे एक दूध पिलाने वाली बोतल, एक तौलिया और एक नई पोशाक दी। खैर, मैं ज़्यादा मांगने या उलझने की हालत में भी नहीं थी।

त्रिश्शूर में वापसी

जब कोयक्का इस रिश्ते को तोड़ना चाह रहा था तो उन दिनों मंगलौर में वेलायुद्धन ने मेरी मदद की, वह मुझे चाहता था। वो कोयक्का से मिलने से बहुत पहले मेरा ग्राहक

रह चुका था। वे दोनों एक ही जगह काम करते थे। जब उसने सुना कि मैं घर वापस जा रही थी तो वह रेलवे स्टेशन पर कहने आया कि अगर मैं चाहूं तो मंगलौर में ही रह सकती हूं। मैं गाड़ी में बैठी थी। वेलायुद्धन के आने की खबर पाकर कोयक्का ने इस तरह पेशकश रखी मानो मुझ पर कोई एहसान कर रहा हो : 'वेलायुद्धन और मैं मिलकर तुम्हें सहारा देंगे। तुम हमारे साथ रहो।' उसने ऐसा दिखावा किया मानो इससे पहले मुझे देखा तक नहीं था। मुझे यह सुनकर बहुत गुस्सा आया। वेलायुद्धन को आते देखा तो आग में घी पड़ गया। मुझे लगा कि यह दोनों की मिलीभगत थी।

कोयक्का काफी ताकतवर था। वो हमेशा अपनी ताकत का रौब जमाता, हालांकि वह किसी को नुकसान नहीं पहुंचाता था। वेलायुद्धन तो उसके सामने एक बच्चा ही था—वो उसे देख थर-थर कांपने लगा।

वह बुदबुदाया, 'कोयक्का! ऐसी कोई बात नहीं, चेच्ची जा रही थी इसलिए मैं मिलने चला आया।'

'तुम दोनों का भी यहां कोई काम नहीं। मेरी चिंता मत करो। मैंने जाने का फैसला कर लिया है' मैंने गुस्से से कहा।

वेलायुद्धन मुझे ठहरने को कहता, लेकिन कोयक्का के सामने ऐसा करने की हिम्मत नहीं जुटा सका। फिर वह चाहता भी यही था कि मैं वहां उन दोनों के साथ रहूं। मैं उसके लिए कभी हामी न भरती। उन दिनों केरल में, सैक्स वर्करों के लिए यह आम बात थी। एक आदमी पति बनकर साथ रहता और दूसरा भाई।

हर कोई मुझे चाहता था। मुसीबत यह थी कि अब मेरे साथ एक बच्चा भी था। बच्चे की देखरेख करने को तैयार, कोयक्का भी मुकर गया था और उसे अनाथालय भेजना चाहता था। वेलायुद्धन मुझसे मिलने आया तो कपड़े और खाने-पीने का सामान लाया लेकिन बच्चे के लिए कुछ नहीं लाया।

ज़ीनत कोयक्का से मिलने के बाद पैदा हुई इसलिए वो एक मुसलमान थी लेकिन वो सिर्फ बच्चे की मां को अपनाना चाहते थे। मैंने उन दोनों को सख्ती से कह दिया कि मैं जा रही हूं। एक आदमी यह सारा नाटक देख रहा था, उस ग्राहक को लगा कि यहां उसकी बात बन सकती है। उसने गाड़ी में मेरा पीछा किया। कोझीकोड से एक स्टेशन पहले उसने कहा—''यहां उतरते हैं, हम एक लॉज में रहेंगे।''

मैंने पैसे तय किए और उसके साथ गाड़ी से उतर गई। उसने कहा—'मैं एक डॉक्टर हूं।'

मैंने जवाब दिया, 'मैंने बहुत से डॉक्टर और ऊंचे दरज़े के लोग देखे हैं। मैं पहले भी ये सब भुगत चुकी हूं। मुझे तुम्हारे काम और रुतबे से कोई लेना-देना नहीं है मुझे तो बस पैसे की सख्त ज़रूरत है।'

वह चला गया, जब लौटा तो उसके पास कपड़े, खिलौने, काफी सामान और बच्चे का खाना था। उसे लगा कि अगर वह बच्चे का ध्यान रखेगा तो मैं उसके साथ टिकी रहूंगी। मैं उसके साथ एक रात रुकी। अगली सुबह उसने मुझे तीन सौ रुपये दिए। उन दिनों के हिसाब से ये काफी बड़ी रकम थी हमने जो तय किया था, ये उससे भी ज़्यादा थे।

मैं त्रिश्शूर चली गई। वेलायुद्धन ने यह सुना तो वहीं चला आया। कोयक्का और मेरा नाता टूट चुका था इसलिए अब वो मुझे अपने साथ रखना चाहता था। मैंने उसकी मार्फत धान्या लॉज में एक कमरा ले लिया। जब मैं सैक्स वर्क करती तो वह मेरा पति होने का दिखावा करता। वहां भी काफी मुश्किलें थीं। त्रिश्शूर में रहने के लिए हमें कई गुंडों से निपटना पड़ा। कई जगह उनका राज चलता था। पहले ही हफ्ते, मुझे विल्सन नाम के गुंडे से उलझना पड़ा। वह के.एस.आर.टी.सी. बस अड्डे के पास, पॉपुलर आटोमोबाइल के आस-पास मंडराता रहता था। वो इस धंधे में आई नई लड़कियों से, मुफ्त में सेक्स के मज़े लेता। एक बार जिस लड़की पर उसकी नज़र पड़ जाती, वह उसका पीछा नहीं छोड़ता था। एक बार जब मैं लॉज में आराम कर रही थी तो हमें अचानक पुलिस का छापा पड़ने की चेतावनी दी गई। मैं भागी और छत पर जाकर छिप गई। पुलिस ने कमरों की तलाशी ली और कुछ न मिलने पर, खाली हाथ लौट गई। जब मैं नीचे आ रही थी तो विल्सन को सामने खड़ा पाया उसने पूछा—'ऐ औरत! तू कौन है?'

मैंने भी उसी तरह पलटकर पूछा—'ऐ आदमी! तू कौन है?'

उसने कहा—'मैं वेकिली हूं।' वह उन इलाकों में वेकिली विल्सन, जंगली विल्सन के नाम से बदनाम था। उस गुंडे को देख मैं मन-ही-मन डर गई लेकिन ऊपर से सख्ती का दिखावा करते हुए कहा—

'वेकिली! कैसा अजीब नाम है—' इस तरह हमारी बहस तेज़ हो गई। इतने में लॉज का मैनेजर वहां आ गया। उसने मुझसे विनती की कि मैं उस दुष्ट से न उलझूं और उसे खुश रखूं। और मुझे मानुक्का के बाद, पहली बार किसी के साथ मुफ्त में सोना पड़ा। मानुक्का से मुझे प्यार था। लेकिन यहां तो मुफ्त की सेवा देनी पड़ी। उसके बाद हम दोनों में दोस्ती हो गई। आजकल वो चौकीदारी का काम करता है। मैं उससे एक बार मिली भी थी। खैर, वेलायुद्धन और उसमें होड़ लग गई। मेरी बेटी उसे 'पापा' और वेलायुद्धन को 'मामा' कहती। तब भी वहां मुश्किलों की कमी नहीं थी। वेलायुद्धन से तो मेरा नाता टूट गया और विल्सन को ज़िम्मेवारी का कोई एहसास तक नहीं था। वो बच्चे की देखरेख भी नहीं कर सकता था।

उन दिनों, शीला और विजया मेरे साथ थीं। वे मेरी सहेलियां थीं। शीला ने

कहा कि उसकी एक सहेली बच्चे की देखरेख करेगी, यह सौदा ज्यादा महंगा नहीं होगा। मैं उस औरत को बच्ची सौंपकर काम पर जाने लगी। दो-तीन दिन बाद पता चला कि मुझे उसे सौ रुपये दिहाड़ी देनी होगी। वो इसी तरह कई बच्चे संभाल रही थी। मेरे लिए तो ऐसा कर पाना मुश्किल था। मुझे बच्ची को चार-पांच दिन अपने साथ ले जाना पड़ा। उन दिनों, मैं रात दस बजे के बाद ही ग्राहकों के साथ जाती। हम दिन-रात शहर में ही रहते। अगर एक दिन बस अड्डे पर होते तो दूसरे दिन रेलवे स्टेशन चले जाते। मैं एक सेक्स वर्कर के तौर पर काफी ज़िंदगी बिता चुकी थी। इस माहौल में सब कुछ काफी उलझता जा रहा था। तब मेरी बेटी एक साल की थी।

शादी, जो लंबे समय तक चली

एक दिन शीला और मैं, बस अड्डे के आस-पास चक्कर काट रहे थे, तभी वहां एक काफी खूबसूरत आदमी आया, उसकी अटैची देखकर ही पता चलता था कि वो एक तमिल था। साफ पता चल रहा था कि वह किसी औरत की तलाश में है। शीला ने कहा—'वो तुम्हें ले जाएगा,' मैंने कहा—'नहीं! मुझे लगता है कि वो तुम्हें चुनेगा।' उस आदमी ने मुझे चुन लिया। हमने एक बढ़िया लॉज में कमरा ले लिया। उसने उसी समय दो सौ रुपये मेरे हाथ पर रखे और मेरे बारे में सब कुछ पूछा। वो जानना चाहता था कि मेरे पास ज़ीनत नाम की मुसलमान बच्ची कहां से आई। एक बार सब कुछ सुनने के बाद उसने पूछा—'क्या तुम मेरे साथ रहना चाहोगी?' मैं अपने पिछले तजुर्बों से काफी परेशान थी लेकिन उसने काफी इसरार किया और कहा कि हम मियां-बीवी की तरह रहेंगे और मैं ज़ीनत को अपनी बच्ची की तरह पालूंगा। वह तमिलनाडु में नागरकोली का व्यापारी था। उसने वादा किया कि वो अपने रिश्तेदारों को मेरे धंधे के बारे में नहीं बताएगा। उसकी एक बार शादी हो चुकी थी लेकिन उसकी बीवी किसी के साथ भाग गई थी। जिससे उसकी दो औलादें थीं। वही उन्हें पाल रहा था। उसने कहा कि बीवी के जाने के बाद अब वो एक सादा ब्याह नहीं करना चाहता। तब भी मैं नहीं मानी। ऐसे कई ग्राहक आते हैं, जो इसी तरह की बातें बनाते हैं। यह ज्यादा से ज़्यादा मज़ा और आराम पाने की चाल होती है, कुछ वक्त साथ बिताने के बाद उन्हें सारे वादे भूल जाते हैं लेकिन यह आदमी ऐसा नहीं था। वह उसके बाद कई बार आया और मुझे मनाने की कोशिश की।

तब एक दिन, 15 अगस्त को आज़ादी का जश्न मनाया जा रहा था—हम ऐसी छुट्टियों वाले दिन खुले आम नहीं निकल सकते। शीला ने सलाह दी कि क्यों न हम उसके घर चलें। शायद मैं पहली बार किसी सैक्स वर्कर के घर ठहरी थी। जब हम

वहां पहुंचे तो हालात बड़े नाजुक थे। उसका एक ग्राहक था, जिसके छोटे भाई से भी उसका चक्कर चल रहा था। मुझे वहां इसलिए ले जाया गया था ताकि मैं उसे इस परेशानी से छुटकारा दिला सकूं। मैं यह सब सहने को तैयार नहीं थी इसलिए मैं उसी वक्त वहां से चली आई।

मुझे अपना बच्चा आया को सौंपे हुए, तीन दिन हो चुके थे। मेरे पास एक फूटी कौड़ी तक नहीं थी। जब उस आदमी ने दोबारा आकर शादी का मुद्दा उठाया तो मैंने उसे अपनी हालत बताते हुए कहा—'तुम्हें मुझसे शादी करने की ज़रूरत नहीं, बस मेरा एक काम कर दो। मेरी बच्ची किसी के पास है। मेरे पास इतने पैसे नहीं कि मैं आया को देकर अपनी बच्ची छुड़ा सकूं। मुझे तीन सौ रुपयों की ज़रूरत होगी।' उसने कहा—'जाओ! चाहे जितने पैसे लगें, अपना बच्चा छुड़ाकर लाओ।' तब मैंने अपने-आप से कहा—'इस तरह की ज़िंदगी जीने से तो कहीं बेहतर है कि एक बार और कोशिश की जाए।' और मैंने उसके साथ होटल में रहना शुरू कर दिया।

जैसे मैंने अपना नलिनी नाम बताया था, उसने मुझे अपना नाम जयराज बता रखा था। अब उसने मुझे सच बताया कि उसका नाम शाहुल हमीद था। मैंने अपना नाम बदलकर जमीला रख लिया। वो चाहता था कि रिश्तेदारों के सामने मैं एक मुसलमान औरत की तरह जाऊं, चाहे मैं अपना धर्म बदलूं या नहीं।

जब हम एक साथ रहने लगे तो मेरी छोटी बच्ची उसे बहुत चाहने लगी। उन दिनों मैं सैक्स वर्क नहीं करती थी। उसकी एक दूसरी बीवी भी थी। वो भी मेरे बारे में जानती थी लेकिन मुझे उसके बारे में कुछ नहीं पता था। किसी भी आम ग्राहक की तरह शाहुल ने मुझे बता रखा था कि उसकी बीवी एक बुरी औरत थी, जो किसी के साथ भाग गई। उसकी बीवी को मेरे होने पर भी कोई एतराज़ नहीं था। वो यह सोचकर हमारे पास आदमी भेजती कि शायद हम काफी पैसे वाले थे। मैं सोचती कि अगर वो उसे पैसे के लिए प्यार करती है तो मुझे उस पर ध्यान देने की ज़रूरत नहीं है। मैंने शाहुलक्का से कहा—'चलो! इस होटल को छोड़कर, किराए पर घर लेकर रहें।'

अगले बारह सालों तक मुझे बच्ची को पालने के लिए मशक्कत नहीं करनी पड़ी। हम मियां-बीवी की तरह रहते। जब मेरी बेटी को स्कूल भेजना नामुमकिन हो गया तो उसने अपने परिवारवालों से, फिर से नाता जोड़ लिया। मेरी नन्हीं बिटिया उसके बहुत करीब आ गई थी। वह उसे 'पापा' कहने लगी थी।

शाहुलक्का दस भाई-बहनों के परिवार में सबसे बड़ा था। परिवार में सभी उसकी इज़्ज़त करते इसलिए मुझे भी पूरा मान मिलता था। उन्हें मेरे बारे में सिर्फ इतना पता था कि मैं एक विधवा हूं। उसके रिश्तेदार मुझे पूरी इज़्ज़त देते। जब

भी घर में कोई शादी-ब्याह या कोई रीति-रिवाज़ होता तो मुझे सबसे पहले पूछा जाता।

शाहुलक्का प्लास्टिक की नाम की तख़्तियां और बिल्ले बनाता था। हम कहीं एक जगह टिककर नहीं रह सके। हम हमेशा नई-नई जगह जाते रहे। जब कोई बड़ा काम हाथ आता तो हम छोटी-छोटी जगह उसे बांट देते ताकि माल सही समय पर पहुंचा सकें।

मेरी बेटी की पढ़ाई

इस लगातार आवाजाही से मेरी बेटी की पढ़ाई को सबसे ज्यादा नुकसान सहना पड़ा। मैं उसे लगातार स्कूल नहीं भेज पाती थी। मैंने उसे घर पर पढ़ाने के लिए मास्टर रखे और ज़िंदगी के कई सबक तो ख़ुद ही सिखाए।

हालांकि इकलौती बच्ची होने के बावजूद वो कभी ज़्यादा शरारती नहीं रही। उसकी सबसे बड़ी कमज़ोरी यही थी कि जब भी कुछ मांगना होता तो कहती— 'क्या मैं आपकी इकलौती बिटिया नहीं हूं।' 'क्या मैं इकलौती नहीं हूं, मैं रसोई में क्यों काम करूं?'—'क्या मैं इकलौती नहीं हूं, मैं बर्तन क्यों साफ करूं?' उसका बात करने का यही अंदाज़ था। उसे पक्का यकीन था कि वो मेरी इकलौती बिटिया है और मम्मी-पापा की दुलारी है। हालांकि वो पढ़ाई-लिखाई में आलसी नहीं थी लेकिन जब भी वो इकलौती होने का बहाना बनाकर पढ़ाई से बचने की कोशिश करती तो मैं उसे तमाचा जड़ देती। अगले छह महीने तक उसका असर रहता और वो अच्छी बच्ची बनने की कोशिश करती।

उसे यह समझ नहीं आता था कि कई लोग उसकी बेइज़्ज़ती क्यों करते थे। एक दिन जब उसे किसी ने गाली दी तो उसने मुझसे आकर कहा—'अम्मा! मुझे किसी ने 'महल' कहा।' मैंने उससे कहा, 'तो क्या हुआ, इसका मतलब होता है 'मोर'!' वो लगातार दोहराती रही—'नहीं अम्मा, ये अच्छा नहीं, बुरा वाला महल है।' उसमें बहुत-सी ख़ूबियां थीं। वो कभी गंदे शब्द इस्तेमाल नहीं करती थी।

मलयालम में मोर को 'मयिर' कहते हैं लेकिन 'महिर' एक बुरा शब्द है— बच्ची पर यही फिकरा कसा गया था, जिसे वो समझ नहीं सकी।

जब भी पड़ोसियों के घर खाने-पीने की कोई चीज़ अच्छी लगती तो वो उनसे और मांगने की बजाय पूछती कि उन्होंने घर में पकाया है या बाज़ार से लाए हैं। अगर घर में पका होता तो वह पकाने का तरीका पूछती ताकि मैं उसे पकाकर दे सकूं। अगर पापा उसे बाज़ार ले जाते तो वो कभी अपनी मनपसंद चीज़ पर हाथ नहीं रखती थी। वो कहती—यहां एक दुकान में बड़ी अच्छी चूड़ियां मिलती हैं, या बड़े

सुंदर कपड़े मिलते हैं। उसका यही तरीका था—जो चीज़ चाहिए होती, बस उस दुकान का ज़िक्र कर देती। जब पापा पास होते तो वह मुझसे कुछ न मांगती।

जब वो बारह साल आठ महीने की थी तो उसे महीना आना शुरू हो गया। शाहुलक्का एक अच्छा आदमी था और उसे अपनी बेटी मानता था लेकिन मैंने ऐसे बहुत से किस्से सुन रखे थे, जहां सौतेला बाप अपनी बेटी की इज़्ज़त का लुटेरा बन जाता था। अगर वो यह समझने लगे कि ज़ीनत उसकी बेटी नहीं, तो क्या होगा?

जब शाहुलक्का का किसी और औरत से चक्कर शुरू हो गया, तो उसने घर में नागा करना शुरू कर दिया। ज़ीनत हमेशा उसके बारे में पूछती। तब मैंने उसे समझाया कि अब वह बड़ी हो गई है, उसे पापा की गोद में नहीं बैठना चाहिए।

मैं उसे पहली बार बता रही थी कि शाहुलक्का उसका पिता नहीं था। वह यह सुन कर, फूट-फूट कर रो पड़ी और बोली—'तुम यह सब इसलिए कह रही हो क्योंकि तुम्हारी उससे लड़ाई हुई है।' वह सुबकियां भरते हुए यही दोहराती रही, तो मैंने बड़े प्यार से, धीरे-धीरे सारी बात बताकर अपनी बात का यकीन दिलवाया।

मैं लगातार उसे एक और बात समझाती रहती थी। किसी से प्यार करना या सिर्फ उसे खुश करना और उसकी मर्ज़ी को ज़्यादा ज़रूरी मानना, दोनों अलग-अलग बातें हैं। जब हम ऐसा करते हैं, तो हम अपनी आज़ादी खो देते हैं। इस तरह हमारे लिए खतरा पैदा हो सकता है। जब वो साप्ताहिक अखबारों में आने वाले रोमानी उपन्यास पढ़ती तो मैं उससे कहती, 'बिटिया! जो तुम पढ़ रही हो, यह प्यार नहीं है बल्कि ये तो तुम्हें सिखा रहे हैं कि कैसे प्यार न करें।' वो इन मामलों में मुझसे काफी खुली हुई थी। उसने मुझे बताया था कि कोई उससे एकतरफा प्यार कर रहा था। जब उसे कोई प्यार की चिट्ठी मिलती, तो हम मिल कर उसे पढ़ते।

वो तमिल, मलयालम, हिंदी, थोड़ी अंग्रेज़ी और दिवाही भाषा जानती है। हालांकि उसकी पढ़ाई पूरी नहीं हुई लेकिन इतना भी कम नहीं है।

ऊटी में व्यापार

मैं 1989 में पहली बार ऊटी गई। किसी भी शहर में प्लास्टिक की नाम-तख्तियों की काफी मांग थी, इसलिए हम एक से दूसरे शहर में जाते रहते थे। इस तरह हम होसुर से ऊटी आ गए।

हमारे काम का कच्चा माल कोयंबटूर से आता था। जब हमें बड़े बोर्ड बनाने का काम मिलता तो हम अटैची लेकर सफर करने की बजाय, दिहाड़ी पर किराए के हिसाब से कमरा लेकर रहते। लॉज का मालिक हमें काफी पैसे वाला समझता और

ज़रूरत पड़ने पर रुपये-पैसे से मदद भी करता। इस तरह हमारा काम इतना फैल गया कि तीन साल के भीतर ही हमने आठ कारीगर रख लिए।

मैं प्लास्टिक की नाम की तख्तियां खुद बनाती थी। एक खास किस्म की गोंद में कोई तेज़ाब मिलाकर, तैयार अक्षरों को बोर्ड पर चिपकाया जाता। अगर घर का, किसी वकील या डॉक्टर का नाम साफ अक्षरों में लिखकर दिया जाता तो मैं बोर्ड तैयार कर सकती थी। प्लास्टिक का चौखटा एक प्लेट से बनता है। मुझे उस प्लेट को पूरी होशियारी और खूबसूरती से काटना आता था। यह काफी हद तक कांच की शीट काटने जैसा था। इसके अलावा, हम एक दलाल की मदद से प्लास्टिक के फूल, चूड़ियां और बालों में लगने वाले क्लिप भी बेचते थे।

तीन सालों में, हमने लाख रुपये से भी ज्यादा कमा लिए। जब शाहुलक्का दूसरी औरत के चक्कर में पड़ा तो काफी रुपया बरबाद हो गया। जब गोवा से प्लास्टिक लाने वाली लॉरी खड्डु में गिर गई तो उससे भी करीब डेढ़ लाख का नुकसान हो गया। इन्हीं सब कारणों से हमें ऊटी की दुकान बंद करनी पड़ी।

जब लॉज के मालिक को पता चला कि हमने जात-पांत भुलाकर नाता जोड़ा था तो उसे मुझसे लगाव होने लगा। सबसे अजीब बात यह थी कि उसके बड़े बेटे ने इसे मंजूरी दी थी। उसके तीन बेटे थे। मेरी बेटी ज़ीनू को वे तीनों अपनी बहन की तरह मानते। बड़ा बेटा बाईस साल का था। एक बार लॉज के मालिक ने मेरे सामने उससे मज़ाक के लहजे में कहा, 'लड़को! तुम बहन मांगते थे न? चलो मैं इस औरत से शादी कर लेता हूं, तुम्हें बहन मिल जाएगी।'

वे मुसलमान थे लेकिन अपने पिता को अप्पा-अप्पा कहते। उस लड़के ने कहा—'हाँ अप्पा, कर लो, हमें भी एक बहन मिल जाएगी।'

'बहन का क्या फायदा होगा? तुम्हारी मां आकर मेरी पिटाई नहीं लगाएगी?'

उनकी मां एक झगड़ालू औरत थी। वो वहां के किसी करोड़पति की पोती थी। यह भला आदमी भी कभी काफी अमीर होता था लेकिन अब उसके पास कुछ नहीं था। यह औरत अपने पति को नीची नज़रों से देखती थी।

खैर, लड़के ने इस बात को गंभीरता से लिया। उसे अपने घर में मां से प्यार नहीं मिला था। जब तीनों लड़कों ने मुझे ज़ीनू को लाड़ लड़ाते देखा तो उन्होंने मन-ही-मन मुझे मां के तौर पर पाने की ठान ली। उसने अपने मामा को बताया कि अप्पा मुझसे शादी करना चाहते थे।

उसके मामा ने सोचा कि वह मज़ाक कर रहा है। लड़के ने अपनी बात पर ज़ोर दिया—'नहीं मामा! अप्पा ने मुझे बताया है, वो इनसे शादी करेंगे।'

'क्या तुम्हें अच्छा लगेगा?'

'हां, ज़रूर।'

उसके मामा ने मुझे बुलाया—'ये लड़का कहता है कि इसके अप्पा तुमसे शादी करेंगे।'

'सार,' वो तो एक मज़ाक था।'

लड़का फिर से बोला—'अरे नहीं, अप्पा हमसे अक्सर पूछते रहते हैं कि हमें अपनी मां पसंद है या ज़ीनू की मां?'

जिस लड़के ने मन-ही-मन मुझे मां चुन लिया था, उसका चेहरा याद आता है तो दिल में कसक-सी उठती है। उनके पास ज़िंदगी की सारी खुशियां थीं। उनके पास अपना बंगला और गाड़ी थी। वे थोड़ी फालतू कमाई के लिए किराए पर इमारतें देते थे। फिर भी वे प्यार के भूखे थे। जब भी उनके घर कुछ खास पकता तो वो दोस्त के लिए ले जाने का बहाना बना कर, हमारे लिए ले आता।

हम दूसरी मंज़िल पर रहते थे। पूरे तीन साल तक मैंने सीढ़ियां तक नहीं उतरीं। अगर जाती भी तो बस अड्डे तक जाती और कोयंबटूर के लिए बस पकड़ लेती। इसके अलावा मैंने कोई सफर नहीं किया। लॉरी दुर्घटना और शाहुलुक्का के नए चक्कर ने मेरे जीवन के इस पाठ को ही खत्म कर दिया था।

'वीरप्पन का शेर'

1992 में जब हम ऊटी से अपने घर लौट आए तो शाहुलक्का ने प्लास्टिक बोर्ड बनाने का काम जारी रखा। हाथ में पैसा न होने की वजह से मैं बहुत परेशान हो गई थी। हम भीमपल्ली में रुके, जो कपड़ा-व्यापार का गढ़ था। मैंने वहां एक नया काम शुरू किया। मैं नकद पैसे देकर कपड़े खरीदती व उनकी सेल लगाती। मेरे पास माल बेचने वाली दो लड़कियां भी थीं। इससे दिन में हज़ार-पंद्रह सौ की कमाई हो जाती लेकिन यह सब एक साल तक ही चला। 1993 के मध्य तक मैं एक घरवाली और व्यापारी की तरह बड़ी शान से जीती रही।

वहां हमारी मालकिन बड़ी बेढ़ब किस्म की औरत थी। वो ब्याज पर पैसा उधार देती। इसी धंधे की वजह से उसे काफी कड़ा रुख अपनाना पड़ता था। शहर में हमारा घर, चारों ओर दुकानों से घिरा था। जब भी मैं उसके साथ निकलती, लोग फिकरे कसते—''देखो, वीरप्पन अपने शेर के साथ शिकार पर निकला है!'' वीरप्पन नाम के डाकू ने कर्नाटक व तमिलनाडु के जंगलों में अपना डर फैला रखा था पर अब वो पुलिस मुठभेड़ में मारा गया है।

फिर उसके बाद मुझे बहुत बुरे दिनों का सामना करना पड़ा। यह सब 1994 में शुरू हुआ। मैं अचानक बुरी तरह बीमार पड़ गई। यह सब कुछ ऐसा ही था मानो

किसी ने सुंदर सपना तोड़ कर, बेरहमी से जगा दिया हो। मेरी ज़िंदगी का ये वक्त भी किसी नाटक से कम नहीं था।

सड़कों पर अपनी बेटी के साथ

बीमारी ने मेरी ज़िंदगी का रुख बदल दिया। हमारे सामने बड़ी तेज़ी से ऐसे बदलाव आए, जिनके बारे में कभी सोचा तक नहीं था। मेरी पानी मिलाए बिना शराब पीने की आदत, जो काफी लंबे समय तक रही, मेरी खाने-पीने की गलत आदतें और आवारापन, यह सब मिल कर अपना असर दिखा रहा था। मेरे जिगर में सूजन आ गई। इसके साथ ही मुझे ट्यूमर भी था। मेरी दायीं टांग में जलन हुई और खुले मुंह वाला घाव बन गया। मैं बिस्तर पर पड़ गई, हर काम के लिए किसी की मदद लेनी पड़ती। शाहुलक्का हमसे दूर जा रहा था, अब वो सिर्फ एक मेहमान की तरह घर आता। इसी दौरान उसके कुछ और जगह नाजायज़ रिश्ते बन गए थे। वो जब भी घर आता, कोई न कोई झगड़ा खड़ा कर देता। मुझे एहसास हुआ कि हमारी बारह साल पुरानी शादी टूटने के कगार पर थी। उसने अपनी पहली बीवी से बदला लेने के लिए मुझसे शादी की थी, जो उसे धोखा देकर भाग गई थी। खैर, जो भी हो, मैं भी अपने फैसले की बड़ी पक्की थी। इससे पहले कि वो मुझे छोड़ता, मैंने उसे छोड़ने का फैसला कर लिया। मैंने उसके बड़े भाई को अपना फैसला सुना दिया। उसने मुझे रोकने की कोशिश की, लेकिन मैं अपने फैसले पर अटल थी।

मैंने ये फैसला इतनी जल्दी क्यों किया, इसकी भी एक वजह थी। हमारा आपसी मनमुटाव झगड़ों के रूप में सामने आने लगा था। एक बार, जब काफी बुरी तरह क्लेश हुआ तो पड़ोसी बीच-बचाव करने आ पहुंचे। उसने इनसे कहा—'यह मुझे कहती है कि हर रात मेरे साथ बिताओ। मैंने ऐसा करने से इनकार कर दिया तो यह लड़ने लगी।' मैं आज तक नहीं जानती कि उसने ऐसा झूठ क्यों बोला। हो सकता है कि यह एक आदमी की नीचता थी, जो किसी भी हाल में अपनी जीत चाहता था। वो इस हद तक गिर चुका था इसलिए मैंने भी फैसला लेने में देर नहीं की। मैंने साफ-साफ कह दिया कि मैं उसके साथ रात नहीं बिताऊंगी।

अब तक मेरा सारा पैसा इलाज पर खर्च हो चुका था। टांग के जख़्म से खून बहता था, जो कि काफी तकलीफदेह था। मैं तेरह साल की ज़ीनत के साथ सड़कों पर थी। हम कहां जाते? मेरा शरीर इस लायक नहीं था कि सैक्स वर्क कर पाती तब, मैं क्या करती?

इन्हीं हालात की वजह से मुझे अट्टींगरा की मस्जिद में रहने जाना पड़ा। वहां भी मुसीबतों की कमी नहीं थी। मर्द रात को औरतों की तलाश में वहां चले आते।

वहां आई गरीब बेचारी औरतों को प्यार के जाल में फांसा जाता था। उन्हें अगुवा कर लिया जाता। मस्जिद ऐसे इलाके में थी जहां दूसरे समुदाय के लोग भी रहते थे। मैंने अपनी बेटी की रखवाली के लिए कुछ नादर औरतों से दोस्ती कर ली। वहां कुछ ऐसे लोग भी थे जो जवान लड़कियों को जाल में फंसाते थे। वे प्यार का ढोंग रचकर, धोखा देते। कई लोग हमें भी सताने लगे थे।

रात को सोते समय, मैं तीन नादर औरतों के साथ मिलकर ज़ीनू की चटाई के आस-पास घेरा बना देती ताकि किसी को उस तक पहुंचने से पहले हमसे दो-चार होना पड़े। वो सचमुच बहुत बुरा समय था।

खाना बनाने व आराम करने की जगह के तौर पर, मस्जिद के साथ कुछ कमरे बनाए गए थे। रात को सोने की कहीं जगह नहीं मिलती थी। हम कमरे में पांच-छ: परिवारों की भीड़ होती। हमें चूल्हे, बर्तन और पतीलों के बीच जगह बनाकर सोना पड़ता।

आज मैं सोच तक नहीं सकती कि मैंने उन दिनों अपनी बेटी को कैसे पाला-पोसा। यहां तक कि नहाते समय भी, मुझे उसे साथ ले जाना पड़ता। जब मैं टॉयलेट जाती, तो उसे किसी के हवाले करती।

कई दिमागी तौर पर बीमार लोगों को ज़ंजीरों से बांधकर रखा जाता। मेरे जैसे लोग उन्हें नहलाकर और भीख मांगकर अपना गुज़ारा चलाते। तीज-त्यौहार के मौके पर हमें चावल मिलते। मेरी टांग के घाव में पस पड़ गई। जिगर का ट्यूमर भी एक मुसीबत था, पर वो दिखाई नहीं देता था। मैं देखने में अच्छी-खासी थी इसलिए इतनी आसानी से कोई भीख भी नहीं देता था। भीख पाने के लिए लोगों के मन में अपने लिए दया पैदा करनी पड़ती है, जिसके लिए काफी दिखावा करना पड़ता है।

इसी दौरान शाहुल्लका वहां दो बार आया। उसने मुझे हर बार दो सौ रुपये दिए। तीसरी बार, वह किसी दोस्त को साथ लाया। उसने ज़ीनू को एक जोड़ी पायल लेकर दी। मैं एक दुकान में खड़ी थी। वहां अकबर नाम का लड़का था। वह मुझे बहुत मानता था क्योंकि मैंने इस्लाम अपना लिया था। उसने शाहुलक्का से पूछा कि मैं वहां क्यों रह रही थी। शाहुलक्का ने बिना किसी हिचकिचाहट के मेरे सामने ही जवाब दिया कि मैं दिमागी तौर से बीमार थी। उसने मेरे लिए ऐसा कहा, जो उसके साथ अपनी ज़िंदगी के पूरे बारह साल बिता चुकी थी। मैंने उसी वक्त तय कर लिया कि इस आदमी को मुझसे मिलने दोबारा नहीं आना चाहिए। ज़रा सोचें! मुझे ही पागल बताकर, मेरा रखवाला होने का दावा! कितना ज़ालिम था वो! इसके बाद से, हम दोनों में और भी अलगाव आ गया। मस्जिद में जीना मुहाल होता जा रहा था। बार-बार दिखने वाले और लोगों की बातें न मानने वालों को भीख भी नहीं मिलती थी।

वहां एक महावत अपने हाथी के साथ आता था, वो एक अच्छा ज्योतिषी भी था। वह लोगों का हाथ देखकर उनका भविष्य बांच देता, जो सही भी निकलता था। उसने मुझे बताया कि अगर मैंने पंद्रह दिन के अंदर वो जगह न छोड़ी तो मुझे कई खतरों का सामना करना होगा। कई लोगों ने चेताया कि मेरे वहां से चले जाने में ही भलाई थी। कहते थे कि उस आदमी का कहा कभी गलत नहीं निकलता था। इसलिए मैंने दान के तौर पर मिला नकद इकट्ठा किया और जाने को तैयार हो गई। तभी अचानक, शाहुलक्का वहां आया और मुझे चार सौ रुपये दिए। मैंने उसे बताया कि मैं पोटलप्पुथूर मस्जिद जाना चाहती थी लेकिन वहां का रास्ता नहीं जानती थी। वो मुझे वहां ले गया। हमने पच्चीस रुपये रोज़ के हिसाब से कमरा किराए पर लिया और वहां छ: दिन रहे। फिर वो कुछ रुपये-पैसे के साथ लौटने का वादा करके चला गया, लेकिन लौटकर नहीं आया। उसके जाने के दूसरे ही दिन मस्जिदवालों ने हमें निकाल दिया। बाहर पर्दों से घिरी थोड़ी जगह थी, हम वहीं चले गए।

जीनू की सार-संभाल की मुसीबत फिर से खड़ी हो गई थी। मस्जिद के पास ही छोटी दरगाह थी, अब्दुल रज़्ज़ाक वहां का मालिक था। वो एक दिन मुझसे मिलने आया और पूछा कि क्या वो जीनू से शादी कर सकता है। मैंने कहा कि अगर वो शादी को रजिस्टर करवाए, तो ज़रूर कर सकता है। मैं नहीं चाहती थी कि जीनू की शादी उससे हो। शादी तो एक चाल होती थी। अगर उसने पहले से ही तलाक देने का मन बना लिया तो क्या होगा? उस समय जीनू चौदह साल की थी लेकिन मुझे लगा कि हम उस आदमी के आस-पास रहकर ज्यादा सुरक्षित रहेंगे। मस्जिद में उसका थोड़ा दबदबा भी था। हम वहां तीन हफ्ते रहे। आखिर में हमारे पास खाने के लिए चावल के दलिए के सिवा कुछ नहीं था। मुझे लगा कि उस मस्जिद से चले जाने में ही बेहतरी थी। उस दिन, शाहुलक्का के बहन-जीजा, उनके बेटा-बहू और पड़ोसी हमसे मिलने आए। जीजा एक मस्जिद में मोट्टीयार (मस्जिद में मामूली कामकाज करने वाले) थे। उनका नाम भी शाहुल हमीद था, लेकिन उन्हें सब डोरासेव्वु कहकर पुकारते थे। वो सभी रिश्तेदारों में मुझे सबसे ज्यादा प्यारे थे। ये बहन भी सबसे प्यारी थी। उनका बेटा मेरा प्यारा भानजा था। मैंने उसे उसकी शादी में सोने की अंगूठी का तोहफा दिया था। वह मेरी बेटी को गले लगा कर रोने लगा।

मेरी बेटी ने उससे कहा, 'अंकल, हमने दो दिन से भात नहीं खाया है।' अंकल भी तुम्हारे लिए कुछ नहीं ला पाए,' यह कहते हुए उसने मेरी बेटी के हाथ में दस रुपये का नोट थमा दिया। वो नहीं जानती थी कि उन दस रुपयों की कोई कीमत नहीं थी। पड़ोसन ने भी जीनू को दस रुपये दिए। जब मैंने शादी के बाद पहली बार घर में कदम रखा था तो उस रीति के समय वही मेरे साथ थी। वह

मुरब्बा बनाकर बेचती थी, उसी से उसकी गुज़र-बसर होती थी। वह काफी पैसेवाली नहीं थी। मेरे भानजे ने भी ज़ीनू को पांच रुपये दिए। जिन दिनों ऊटी में हमारी दुकान थी तो यह लड़का तीन साल हमारे साथ रहा था। वह जब भी आता तो मैं उसे सौ रुपये से कम जेबखर्ची नहीं देती थी। मैंने अपनी बिटिया से कहा कि उसे वो पांच रुपये नहीं लेने चाहिए। मैंने कहा—'अगर तुमने ये रुपये रखे तो मैं तुम्हें यहीं छोड़कर चली जाऊंगी।' उसने पैसे लौटाए तो भानजे ने वापस नहीं लिए, तब ज़ीनू ने उन्हें मस्जिद की दान-पेटी में डाल दिया।

मस्जिद में उन्होंने मेहमानों के बारे में पूछताछ की तो मैंने बता दिया कि वो मेरे मियां के रिश्तेदार थे। मस्जिदवालों ने कहा—'तुम यहां पेट भरने लायक भी नहीं कमा सकती, बेहतर यही होगा कि तुम यरवदी मस्जिद चली जाओ। वहां तुम्हें खाना मिलेगा और लड़की को भी कोई काम मिल सकता है।' उन लोगों ने मेरे भेजने का इंतज़ाम करने के लिए पैसा इकट्ठा करना शुरू कर दिया। यह सुनकर अब्दुल रज़्ज़ाक आ गया। 'आंटी! मैं भी आपके साथ यरवदी मस्जिद चलता हूं। वहां मेरी और ज़ीनू की शादी भी हो जाएगी।'—उसने कहा। मुझे यरवदी मस्जिद का अता-पता नहीं था इसलिए किसी को साथ ले जाने में ही भलाई थी। मुझे पूरा यकीन था कि वो शादी के चक्कर में हमारा साथ देगा। मैंने उसे साथ चलने की मंज़ूरी दे दी। जब हम वहां पहुंचे तो वह हम तीनों के लिए किराए पर कमरा लेने लगा। मैंने कहा—'तुम्हारा, शादी से पहले हमारे साथ एक ही कमरे में रहना ठीक नहीं होगा। तुम एक काम करो, हमें एक कमरा दिलवा दो और खुद मस्जिद में रुक जाओ।' इस तरह, उसने हमें मस्जिद के सामने कमरा दिलवा दिया। दो दिन में ही उसे समझ आ गया कि मेरी ज़ीनू और उसकी शादी कराने की कोई मंशा नहीं थी।

इसी दौरान, मैं अब्दुल नाज़िर से मिली। वो एक मुल्ला था, जो मस्जिद में दुआ पढ़ता, ताबीज़ और धागे बांधता। उसने मेरी सारी कहानी सुनी और बोला, 'तुम अपनी बेटी को मेरे घर क्यों नहीं भेज देती? अफसोस! मैं तुम्हें वहां नहीं रख सकता वरना मेरे घरवाले शक करेंगे।'

उस समय, उसके साथ उसकी दूसरी या तीसरी बीवी थी। मेरी बेटी वहां करीब दो महीने रही। इसी बीच वहां परेशानी खड़ी हो गई। इस आदमी का एक दोस्त था, जिसका बेटा दिमागी तौर पर बीमार था। अब्दुल ने सलाह दी कि मैं ज़ीनू की शादी उस लड़के से कर दूं। मैंने साफ-साफ कहा—'मैं किसी नीम पागल लड़के को अपनी बेटी नहीं दे सकती। अगर परेशानी यह है कि वो तुम्हारे घर रह रही है तो साफ-साफ कहो।'

एक दिन ज़ीनू मुझसे बोली, 'मम्मी! आपको जल्दी ही एक प्यार भरा ख़त मिलने वाला है।'

'मुझे कौन देगा?' मैंने उससे पूछा।

वो अब्दुल नाज़िर और उसके दोस्त को चिट्ठी लिखते देख चुकी थी। उसने साफ तौर पर लिखा—'मैंने खाड़ी देश में जाकर हज़ारों रुपये कमाए हैं, लेकिन मेरी बीवी मुझे प्यार नहीं करती। अगर मैं किसी बाज़ारू औरत को अपना लूं तो मुझे उसका प्यार और अपनापन मिल सकता है—' चिट्ठी में कुछ ऐसी ही बातें लिखी गई थीं। उसकी बीवी की कुछ चिट्टियों के हिस्से भी उसमें जोड़े गए थे। इस ख़त को तैयार करने के बाद अब्दुल ने मुझसे आकर पूछा—'क्या सोलह हज़ार रुपये में तुम्हारा इलाज हो सकता है?'

'मेरे लिए पैसा कौन लगाने जा रहा है?'

'कोई है। एक बार तुम्हारी बीमारी ठीक हो जाए तो हम तुम्हारी कमाई का भी कोई ज़रिया बना देंगे। मैं और काका, (उसका दोस्त) हम खाड़ी देश जा रहे हैं। हम बड़ी धूमधाम से तुम्हारी बेटी की शादी करेंगे और दोनों को दस-दस तोले सोना देंगे।'

वो उसी पागल लड़के से ज़ीनू को ब्याहने की बात कर रहा था। मैंने देखा कि बहुत देर तक यह सब चलना मुश्किल था। मैंने ज़ीनू को बीमारी का बहाना बनाकर बुलवा लिया। उन्हें लगा था कि वे ज़ीनू को दो वक्त का खाना दे रहे थे इसलिए उन्हें ऐसी सलाह देने का पूरा हक था। मैंने उनकी सलाह नहीं मानी इसलिए मुझे वो प्यार भरा ख़त भी कभी नहीं मिला, जो उन्होंने मेरे लिए लिखा था।

मैं इस नई परेशानी से घिरी थी, तभी मेरी एक सहेली ने राय दी—'यहां एक बड़ा भला आदमी (टांगाल) रहता है, चलो, वहां चलते हैं।' उसकी बेटी भी ज़ीनू जितनी बड़ी थी इसलिए हम दोनों उस नेक आदमी के घर गए।

मुझे बहुत बाद में पता चला कि वो नेक आदमी बीमारों का इलाज करने के बहाने वहां रोक लेता और उनके साथ आई जवान लड़कियों का नाजायज़ फायदा उठाता। मेरी सहेली इस बारे में जानती थी। वो आदमी हम दोनों की बेटियों पर झपटना चाहता था। मेरी सहेली को उस आदमी ने कहा कि वो ज़ीनू को शिकार बनाकर ले आए। एक दिन वो मुझसे बोली—'जमीलक्का, हम दोनों रात को मस्जिद में सो जाया करेंगी, ये दोनों लड़कियां टांगाल के घर में रह सकती हैं।'

मुझे पता ही नहीं चला कि कैसा जाल बिछाया जा रहा था। मुझे लगा कि वहां बहुत सारी औरतों के बीच मेरी बेटी सुरक्षित रहेगी। पास में ही हाकिम डॉक्टर की दरगाह थी। वहां यरवदी मस्जिद के पीछे औरतों के सोने की जगह थी। हम वहां चले गए।

तीसरे ही दिन, मुझे कुछ खतरे का एहसास हुआ। ऐसा लगा कि ज़ीनू के साथ कुछ बुरा होने वाला था। सुबह तीन बजे एक सपने की वजह से मैं जाग गई और तेज़ी से उसी ओर चल दी जहां ज़ीनू सो रही थी।

उस आदमी के आंगन में दो छप्पर लगे थे। उनमें से एक औरतों और बच्चों के लिए था। दूसरे में वो खुद सोता था।

रात को उसने लड़कियों से अजीब-अजीब तरह की बातें करनी शुरू कर दीं, जिससे डरकर वे लड़कियां पीछे की ओर निकल आई थीं। वे सब घबराई हुई थीं। मैंने अपनी बेटी से पूछा—'ज़ीनू! क्या हुआ बेटी!'

'वो आदमी सेलिन ताता की बेटी के पास आकर लेट गया। उसने डरकर मुझे पुकारा।'

उसकी दूसरी बीवी और सेलिन भी इस मिलीभगत में शामिल थे। मैं जानती थी कि वहां रहना खतरे से खाली नहीं था। मैंने फिर से वही कमरा किराए पर ले लिया, जिसे हमने खाली किया था। मुझे आस-पास के लोगों ने थोड़ा पैसा इकट्ठा कर दिया था और इसी दौरान शाहुलक्का ने भी भाई के बेटे के हाथों कुछ रुपये भिजवा दिए।

अट्टींगरा मस्जिद में मदद करने वाले काफी लोग थे। यरवदी में तीन महीने रहने के बाद मुझे लगा कि वहां हर कोई एक-दूसरे का खून चूस रहा था। मेरी सहेली ने सोचा कि अगर वह मेरी बेटी का बलिदान कर देगी तो उसकी बेटी बच जाएगी। मैं वहां ज्यादा देर नहीं रह सकी। हम अट्टींगरा लौट आए।

जब हम वहां पहुंचे तो उसके पंद्रह दिन बाद ही शाहुलक्का के छोटे भाई के गुज़रने का पता चला। हम घर गए और वहां करीब तेरह दिन रहे। उसके बाद हम उसकी बहनों व रिश्तेदारों के यहां रुके और बहुत ज़रूरी होने पर ही घर जाते। इसी दौरान मेरी मुलाकात उसकी सबूरा आंटी से हुई, जिन्होंने ज़ीनू को पांच साल तक अरबी सिखाई थी। उन्होंने कहा—

'तुम्हें यहां-वहां भटकने की ज़रूरत नहीं है, मैं तुम्हारा ध्यान रखूंगी।' हालांकि वो और उसके घरवाले ज़्यादा अमीर नहीं थे।

सबूरा मेरी बेटी को अपने घर ले गई। उसकी बड़ी बहन आरिफा मुझे अपने घर ले गई। कुछ समय तक, ज़िंदगी इसी तरह चलती रही। दवाएं, खाना और मन की शांति, इन तीनों की मदद से मेरी सेहत भी काफी हद तक सुधर गई। मेरे शरीर में इतनी ताकत आ गई थी कि मैं कुछ काम कर सकती थी। मैं पड़ोसियों के बच्चों की देखरेख करके कुछ पैसे कमाने लगी। वे मुझे खाना और कपड़े देते। जब मैंने घर के कामकाज के साथ ये काम भी शुरू कर दिया, तो मैं दोबारा बीमार पड़ गई। फिर

खाना और दवाएं—उन पर काफी बोझ पड़ने लगा। वे मेरी और ज्यादा देखभाल नहीं कर सके।

कन्याकुमारी से आए कुछ लोग तिरुअनंतपुरम में बस गए थे। वे मेरे पति के दूर के रिश्तेदार थे। वो उस कंपनी से जुड़े हुए थे, जो हॉर्लिक्स बनाती है। ज़ीनत को उनके बच्चे की देखभाल के लिए भेजा गया।

ज़ीनत के लिए वहां रहना मुश्किल हो गया। उसकी परवरिश एक अच्छे माहौल में हुई थी और उसे खाना बनाने में भी महारत हासिल थी। उसे रसोई का सारा सामान भी इस्तेमाल करना आता था। मन-ही-मन, उन लोगों को ज़ीनत के इस बर्ताव से जलन थी। ज़ीनू को एक रिश्तेदार के तौर पर नहीं भेजा गया था। उन्हें नौकरानी का इतने अच्छे तरीके से पेश आना बिल्कुल पसंद नहीं था। उसे वहां रहते हुए करीब पचहत्तर दिन हो चुके थे, मुझे एक दोस्त की सलाह पर मेडीकल कॉलेज में भर्ती कराया गया।

ज़ीनू अब वो जगह नहीं छोड़ सकी। उन्होंने उसे अपनी बेटी के बच्चे की देखभाल के लिए पाथानामटीट्टा भेज दिया। ज़ीनू के काम में कोई कमी नहीं थी, बस वो नहीं चाहते थे कि उनकी नौकरानी किसी अच्छे खाते-पीते घर की लड़की की तरह पेश आए। ज़ीनू कहती—'मम्मा! वो लोग यही कहते रहते हैं—'ये मत करो,''वो मत करो,''जब मैं कहती हूं कि इस सब्जी में थोड़ा मसाला और डालने से स्वाद बढ़ जाएगा तो वो नाराज़ हो जाती हैं।'

मैं उसे समझाती—'बिटिया! चाहे तुम एक नौकरानी नहीं हो, लेकिन तुम उनके परिवार का सदस्य भी तो नहीं हो। तुम्हें चुप रहना चाहिए। जो बातें तुम जानती हो, उनसे मत कहो। यही ज़िंदगी का नियम है।'

मेडिकल कॉलेज में

मुझे मेडिकल कॉलेज ले जाने वाले आदमी ने कहा—'यहां एक डॉक्टर अकबर है। अगर तुम उससे कहोगी कि इस दुनिया में तुम्हारा कोई नहीं है, तो वो तुम पर दया करते हुए, तुम्हारी मदद करेगा।'

मुझे त्यौहार के दिनों में भर्ती कराया गया। लड़कियों की ज़िद पर मैंने भी हाथों-पैरों में मेंहदी रचा रखी थी। डॉक्टर को शक हुआ कि मैं किसी खाते-पीते घर से हूं। जब मैंने कहा कि मेरा कोई नहीं है, तो उसने पूछा—'क्या तुम बिल्कुल अनाथ हो?'

मैंने कहां—'हां।'

'तुम अनाथ कैसे हो सकती हो? तुमने तो रमज़ान मनाया है?'

तब मैंने उससे कहा—'मैं एक हिंदू थी। बाद में मैंने इस्लाम धर्म अपना लिया। मैं इसके लिए पोन्नानी नहीं गई, इसलिए मैं पूरी तरह से मुसलमान नहीं हूं। मैंने पूरी तरह से इस्लाम कबूल नहीं किया, इसलिए मुसलमान मुझे नहीं अपनाते। मैंने इस्लाम को अपनाया, इसलिए हिंदुओं ने मुझे छोड़ दिया। इस तरह मेरा कोई नहीं रहा। मैंने सबको खो दिया।'

उसने उसी समय अपने छात्रों को बुलाकर कहा—'इस औरत की पूरी देखरेख करो। इसे पूरी तरह सहारा दो और देखो कि इसे समय पर खाना और दवाएं मिलती रहें।'

मुझे अच्छा खाना, दवाएं और इलाज मिलने लगा। जब ज़ीनू उनके साथ निबाह नहीं सकी, तो मेरे पास आ गई। उसके आते ही मेरे हालात बड़े नाजुक हो गए। ये साफ हो गया कि मैंने अपने अनाथ होने के बारे में झूठ बोला था। हालांकि सभी बच्चे हमारी मुश्किल समझते थे लेकिन डॉक्टर अकबर को एक मुसलमान डॉक्टर ने खबर पहुंचा दी कि नलिनी अनाथ नहीं है, उसकी बेटी उसके साथ रह रही है। इस तरह हमें सहारा देने वाले डॉक्टर अकबर की भी बुराई होने लगी। अगले दिन अचानक, डॉक्टर अकबर वहां आए और ज़ीनू को देख लिया। उन्होंने मुझसे कुछ नहीं पूछा लेकिन वो सारी परेशानी समझ गए। मेरे लिए उनका रवैया एकदम बदल गया। तभी वहां हड़ताल हुई, निकाले जाने वालों की फेहरिस्त में मेरा नाम भी था। मुझे ठीक होने की वजह से नहीं बल्कि झूठ बोलने की वजह से निकाला गया। मैं निकाले जाने के बावजूद अस्पताल के बरामदे में रह रही थी। जब डॉक्टर अकबर को पूरी सच्चाई पता चली तो उन्होंने मुझे दोबारा भर्ती कर लिया। उसी समय, दूसरे डॉक्टर ने उन्हें, मुझे बाहर निकालने का हुक्म दे दिया। पूरे बाईस दिन तक भर्ती करने और निकालने का तमाशा जारी रहा। तब तक मैं काफी हद तक ठीक हो गई थी इसलिए मैंने अस्पताल छोड़ने का फैसला कर लिया।

मेरे पास बहुत थोड़ा पैसा बचा था और कुछ समझ नहीं आ रहा था कि अपनी बेटी को लेकर कहां जाऊं? अगर मैं अकेली होती तो कहीं भी जाकर लेट जाती और अपनी जान दे देती। कुछ दिन तक पैसेवालों के यहां काम करने के बाद, ज़ीनू और भी अच्छी दिखने लगी थी। उन्होंने उसे जो कपड़े दिए थे। वो सारे अच्छे फैशन वाले थे। उसके साथ कहीं भी रहना, मुश्किल पैदा कर सकता था। तब हम शाहुलक्का के बड़े घर में लौट गए। ये मकान तीन सेंट की ज़मीन पर बना था, जिस पर उसकी दूसरी बहन और बेटी का कब्ज़ा था। उसके अब्बा ने अपने मरने से पहले वो घर बनवाया था ताकि वहां कोई भी आ कर रह सके। वहां कोई नहीं जानता था कि ज़ीनत शाहुलक्का की बेटी नहीं है। उसने भी

किसी को कभी नहीं बताया कि ज़ीनू उसकी बच्ची नहीं थी। सभी यही कहते थे कि ज़ीनू अपनी दादी पर गई है।

वहां जाने से पहले मैं शाहुलक्का के अब्बा की बहन से मिलने गई। उन्हें सब 'मुतुम्मा' कहते थे। वो पूरे परिवार में सबसे ज्यादा प्यार करने वाली थीं। मैं अस्पताल से छूटने के बाद, सोमवार को उनके यहां पहुंची। उनके यहां एक रात और दिन काटने के बाद, मैं बुधवार को डोरासेव्वु के घर चली गई। वीरवार को दोरा ने मुझे बुलाकर पूछा—

'क्या तुम्हारे पास जाने के लिए कोई जगह नहीं है?'

शाहुलक्का के मामा की बेटी एक अलग घर में रह रही थी। वो भी मुझे बहुत पसंद करती थी। मुझे या तो यहां रहना था या उसके पास जाना था। इस घर में काफी दिक्कतें थीं, यहां तक कि नहाने की भी मुश्किल थी। फिर यहां के लोग चाहते भी नहीं थे कि मैं उनके पास ठहरूं।

'क्या वो तुम्हारा ध्यान रखेगी?'

'मैं कह नहीं सकती।' मैंने जवाब दिया।

फिर उसने कहा, 'ओह! तब तो तुम्हें दफनाने का इंतज़ाम भी मुझे ही करना होगा।' यही आदमी लोगों को दफनाने से पहले नहलाता-धुलाता था। पहले तो मुझे उसकी बात पूरी तरह समझ नहीं आई, फिर मुझे याद आया कि वो तो मर्दों की लाशों का काम करता था। इसलिए वो मेरे कफन-दफन के खर्चे की बात कर रहा था। मेरा ब्याह उसी जमात में हुआ था। उसे चिंता हो रही थी कि मुझे दफन भी वहीं करना पड़ेगा। मैं उसके सामने जीती-जागती खड़ी थी और चिंता कर रहा था कि मेरे मरने के बाद, उन्हें मुझे दफनाने का खर्चा उठाना पड़ेगा।

आरिफा की चौथी बेटी साफ़ी भी मुझे बहुत चाहती थी जब मेरी बीमारी काफी बढ़ गई तो उसने पूछा—'आंटी! आपको मरने के बाद यहां की जमात में दफनाया जाएगा या तिरुविटमकोट्टा जमात में?'

वो करीब अट्ठाईस साल की थी और उसने अपनी नादानी में मुझसे यह सवाल पूछा था लेकिन इतना तय था कि वे लोग इस जन्म में मेरी मदद करने को तैयार नहीं थे। मैं इसी वजह से उस घर में नहीं रहना चाहती थी।

अस्पताल से लौटने के बाद मेरा शरीर पूरी तरह हार गया था। दवाओं ने मेरी सारी ताकत निचोड़ ली थी। मैं आराम से चल भी नहीं सकती थी, मुझे दोनों हाथों से अपने ट्यूमर को सहारा देना पड़ता था। दवा पूरे पैंतीस दिन तक जारी रखनी थी।

मैं उन्हीं रिश्तेदारों के यहां जाती, जो मुझे पसंद करते थे। एक दिन मैं शाहुलक्का की तीसरी बहन के पास जाने का फैसला किया। मैं ज़ीनू को साथ लेकर

निकलने लगी, हमारे पास एक पोटली थी। मुझसे पूछा गया—'कहां जा रही हो?'

'हजीरा आपा (ननद) के घर।'

मुझे उसी समय पचास रुपये का नोट थमा दिया गया, जिसका मतलब था कि दोबारा यहां मत आना।

हम बृहस्पतिवार को हजीरा के यहां पहुंचे। शाम को चाय पीने के बाद थोड़ी देर आराम किया। पास में ही एक नदी थी, ज़ीनू वहां से हम दोनों के मैले कपड़े धो लाई और सुखाने के लिए डाल दिए। उस घर में दो सोने के कमरे, दो बारादरियां, एक रसोई और एक भण्डार था। हमने सोचा कि कोई पक्का ठौर-ठिकाना मिलने तक हम वहां रह सकते थे। हजीरा को इस बात का अंदाज़ा हो गया था इसलिए वो बोली—

'मैं तुम्हें रुकने को कहती, लेकिन यहां जगह ही नहीं है।'

हालांकि हम वहां रसोई या बारादरी में सो सकते थे। मैंने अपनी लड़की से कहा—'पोटली बांध लो, हम यहां से जा रहे हैं।'

'पर कपड़े अभी गीले हैं' उसने कहा।

'कोई बात नहीं, बहुत सूख लिये, पास में ही मामा के दोस्त रहते हैं, हम वहां जाएंगे।'

हकीकत में, वहीं पड़ोस में मेरी एक सहेली रहती थी, हालांकि मेरे रिश्तेदारों ने मुझे वहां जाने से मना कर रखा था। वे उसे अच्छा नहीं मानते थे पर मैंने वहीं जाने का फैसला कर लिया। उसका नाम जुल्फन था। उसने मुझसे पूछा कि मामला क्या है? मैंने उसे सब कुछ बता दिया।

उसने तसल्ली दी—'चिंता मत करो, आज शुक्रवार है, तुम मेरी जमात में हो, तुम्हें कहीं जाने की ज़रूरत नहीं है।'

अगले दिन वही अजीब से हालात सामने थे। हमारे आस-पास सभी रिश्तेदार थे। पहले मुझे हर तीज-त्यौहार और ब्याह का न्यौता मिलता था और आज जब मैं बेघर-बेसहारा थी, तो वो मेरी तकलीफ का मज़ा उठा रहे थे। खैर, तीन वक्त की रोटी के बाद, मैं वहां से भी निकल आई। उसने मुझे शुक्रवार तक रुकने को कहा था, और वह बीत चुका था। फिर मुझे पक्का हजीरा ने बुलवाया—हालांकि वो हमारी रिश्तेदार नहीं थी लेकिन अच्छे घर से थी। उसने मुझसे मेरा हाल-चाल लिया। मैंने अपने अस्पताल में भर्ती होने के बारे में भी बताया। उसने, उसकी बेटी और बेटे ने मुझे पच्चीस-पच्चीस रुपये दिए।

हमारा पूरा परिवार मस्जिद के आस-पास रहता था। डोरासेव्वु छोटी मस्जिद के सामने रहता था। उसकी बाईं ओर हजीरा का घर था। उससे थोड़ी दूरी पर जुल्फन रहती थी। उसके बाद हव्वा आपा का घर था। ये सब घर इस तरह थे मानो तारे के

अलग-अलग कोनों पर बसे हों। मुझ दुखियारी ने इस पूरे तारे का चक्कर लगा दिया था, चारों कोने पूरे हो चुके थे। मुझे उम्मीद थी कि शायद अब मेरे दुखों का अंत हो जाएगा।

इसके बाद मैं शाहाहुल के चचेरे भाई के घर गई। उसकी बीवी एक खानदानी औरत थी। मैं उसे हव्वा आपा कहती थी और वो भी मुझसे लगाव रखती थी। मैंने उसे बताया कि मैं पूरी दुनिया का चक्कर लगाकर आई थी। उसने मुझसे पूछा कि मैं कोयुम्मानी के यहां क्यों नहीं ठहरी, जिन्हें हम सब मुतुम्मा कहते थे। मैंने उसे बताया कि वे तो मुझे रखना चाहती थीं पर अपनी बहू से डरती थीं। उसने मुझे तसल्ली दी कि काका घर नहीं चलाते इसलिए कोई भी मुझे वहां से नहीं निकाल सकता, मैं वहां रह सकती थी।

मैंने उससे पूछा—'तुम मुझे कैसे रख सकती हो? तुम खुद भीख मांगकर गुज़ारा चलाती हो?'

'अगर अल्लाह ने चाहा, तो सब ठीक हो जाएगा।'

...इसलिए मैं वहां ठहर गई। तीसरे ही दिन मुतुम्मा चल बसी। कोई हमें न्यौता देने आया कि उनको बारह बजे दफनाया जाएगा। हम घर पहुंचे, जहां पहले से ही सारी बहनें मौजूद थीं। वहां रुकने का मतलब था कि आप तीन दिन बाद, नहाने के बाद ही वहां से लौट सकते थे। मुझे महीने में एक बार पूरा शरीर नहाने की इजाज़त थी। डॉक्टर ने सिर्फ हफ्ते में एक बार शरीर पोंछने को कहा था। मैंने सबको इस बारे में बता दिया। उन्होंने कहा कि इसमें कोई हर्ज नहीं, अगर तुम नहा नहीं पाईं तो इससे कोई फ़र्क नहीं पड़ेगा। इसके अलावा, वहां इकट्ठा हुए सभी रिश्तेदारों ने मुझे याद दिलाया—'हम शाहाहुल से बात करके तुम्हारे बारे में कोई फैसला करा सकते हैं।'

हालांकि मेरा निकाह (शादी) मस्जिद में हुआ, लेकिन इसके बावजूद मैंने कभी इस बहाने से कोई दावा नहीं किया। जो भी हो, यह शादी अरेंज नहीं थी। यह एक ऐसा रिश्ता था, जिसे हमने कुछ पल के खिंचाव की वजह से अपनाया था। वो मेरी बच्ची का पिता नहीं था, मुझे यह बात भी भूली नहीं थी इसलिए मैंने तय कर रखा था कि मैं अपने हक के लिए कोई आवाज़ नहीं उठाऊंगी। हर किसी ने कहा—'कोई बिचौलिया बनाकर बातचीत करो।'

शाहाहुल तीसरे दिन वहां पहुंचा और आते ही हल्ला मचाने लगा कि उसे किसी ने खबर नहीं दी और न ही न्यौता भेजा। दरअसल वो अंदाज़ा लगाने आया था कि बात किस हद तक जा चुकी थी, उसे अच्छी तरह पता था कि मैं वहीं मौजूद थी।

सबने एक साथ कहा—'हमें पता ही नहीं था कि तुम कहां थे?' तुम्हारी बीवी ने बताया ही नहीं।'

मैं उन्हें नहीं बताना चाहती थी कि वो अपनी रखैल के साथ कहां रह रहा था। अगर कोई यहां से जाता, तो वे उसे भी साथ ला सकते थे। खैर, मुझे ही कसूरवार बना दिया गया कि मैंने उस तक मौत की खबर नहीं पहुंचने दी। किसी को मेरी हालत से कोई वास्ता नहीं था। यह सब कुछ बहसबाज़ी में खत्म हो गया। कुछ लोग उसका साथ दे रहे थे और कुछ मेरा।

मैंने कहा—'तुम्हें इस बात की बिल्कुल चिंता नहीं रही कि मैंने बच्ची के साथ कैसे दिन बिताए? जिन्होंने नया-नया इस्लाम कबूल किया है, उनके बारे में तो बड़ी-बड़ी बातें हो रही हैं, लेकिन इस लड़की की परवाह किसे है? तुम जो जी में आए, कहते रहो, मेरा कोई लेना-देना नहीं है।'

तभी उसने सबके बीच मुझे तमाशाई बनाते हुए कहा—'ये औरत मेरी बीवी है, मैं इसे नहीं छोड़ूंगा।' अगर वो मुझे छोड़ने की बात करता तो उसे वजह बतानी पड़ती। सभी मेरे रखवालों की तरह बोलने लगे। एक ने कहा—'भाभी! तुम पुश्तैनी घर में क्यों नहीं रहतीं?' मैंने कहा, 'रह तो सकती हूं पर मुझे रोटी कौन देगा?' शाहुलक्का की सात बहनें थीं पर उनमें से कोई नहीं जानती थी कि ज़ीनत उसकी बेटी नहीं थी। एक ननद ने उसके लौटने तक हमें तीन दिन का आसरा दिया। उसने उसे तीन दिन के खर्च के लिए बीसेक रुपये दिए और वह जल्द ही लौटने का वादा करके चला गया। छह दिन बाद भी उसका कोई अता-पता नहीं था। हव्वा की छोटी बहन आई और बोली—'चाहे वो तुम्हें छोड़ ही क्यों न दे, मैं तुम्हारी देखरेख, करूंगी।'

ये सब बीते कल के तमाशे का ही हिस्सा लग रहा था। उसने हव्वा की बहन को भेजा था ताकि हमें वहां से हटाया जा सके। हम जितनी देर वहां रहते, उसकी साख को खतरा बना रहता।

हव्वा के घर के पास ही एक तालाब था, जहां मैं नहाने जाती थी। मस्जिद के साथ ही एक छप्पर वाली दुकान लगती थी। मैं उत्तर से थी इसलिए दुकानदार मेरे बोलने के तरीके का मज़ाक उड़ाता था। एक दिन उसने पूछा—

'अरी लड़की! तुम्हारा पुटीयाप्पला (नया दूल्हा) कहां है?'

मैंने कहा—'अरे! क्या कहूं, नया दूल्हा तो कोई नहीं, मेरे पास तो पुराना दूल्हा (पाज़याप्पला) है, उसका भी कोई अता-पता नहीं है।' पक्का हजीरा के भाई ने सुना तो मुझसे पूछने लगा—'वो कहां है, क्या उसने तुम्हें छोड़ दिया है?'

'वो कहीं नहीं गया, मैं तो उसके मज़ाक का जवाब दे रही थी' मैंने कहा।

ईमानदारी से कहूं तो मैं किसी को भी अपने दुख की भनक तक नहीं पड़ने देना चाहती थी। तभी मैंने उस बात को मज़ाक में उड़ा दिया।

शायद उसने मज़ाक में छिपे दर्द को भी पहचान लिया था। वो मेरे घर गया और उन लोगों से पूछा कि क्या शाहुल ने मुझे छोड़ रखा था। घर में बवाल मच गया। उन्हें अपने भाई की करतूत से कोई परेशानी नहीं थी, गुस्सा इस बात का था कि मैंने शिकायत क्यों की। ऐसी हालत में एक और रिश्तेदार सैनब वहां आई और हमें अपने साथ ले गई। वहां पता चला कि उसके किसी रिश्तेदार को एक साथी की ज़रूरत थी। वो लड़की बी.ए. कर रही थी और अपने साथ के लिए कोई लड़की चाहती थी। मुझे भरोसा दिलाया गया कि ज़ीनू को परिवार के एक सदस्य की तरह रखा जाएगा।'नहीं! मैं पहले ही उसे किसी के घर छोड़कर, काफी कुछ भुगत चुकी हूं। मैं उसे भीख मांगकर भी पाल लूंगी,' मैंने कहा।

उसने मुझे पक्का भरोसा दिलाया कि ज़ीनू का ध्यान रखा जाएगा।

मैंने ज़ीनू को उस परिवार में रहने भेजा और खुद अट्टींगरा मस्जिद में रहने चली गई। अभी वहां रहते हुए बमुश्किल आठ-दस दिन ही बीते होंगे कि वहां से बुलावा आ गया, जहां ज़ीनू रह रही थी। उन्होंने बताया कि सैनब, ज़ीनू को वहां नौकरानी रखवाने के नाम पर दो हज़ार रुपए ले गई थी। उसने वहां ऐसा दिखावा किया मानो वही ज़ीनत की सब कुछ थी।

मैं वहां हैदरोस नाम के आदमी को जानती थी, जो अक्सर मेरी मदद करता। वह मुझसे एकतरफा प्यार करता था इसलिए कभी-कभी यूं ही रुपये-पैसे देता रहता। मैंने उससे परेशानी कही, तो वह बोला—'ज़ीनू को वापस ले आओ, हम उसके रहने का कहीं और इंतज़ाम कर देंगे।' उसने मेरे हाथ पर दो हजार रुपये रख दिए। मैं ज़ीनू को ले आई और हम फिर से यरवदी मस्जिद में रहने लगे।

फिर रमज़ान का महीना आया। रोज़े (उपवास) के दिनों में वहां कम लोग आते थे और हमारी कमाई काफी घट जाती थी। मेरी जेब भी हल्की होने लगी। मुझे लगा कि हमें कहीं-न-कहीं बस जाना चाहिए। भीख और चंदे से मिले कुछ रुपये थे, पर वे भी खत्म हो गए।

फिर से सैक्स वर्कर

जब कुछ समझ नहीं आया तो मैं तिरुअनंतपुरम लौट आई। ट्यूमर की वजह से मेरे सारे बाल सफेद हो गए थे। मैंने किसी के पास जाकर उन्हें काला रंगवाया। मैंने दोबारा सैक्स वर्क शुरू करने का फैसला कर लिया था। मैंने वहां रहने वाली रिश्तेदार से पूछा कि अगर मैं तीन सौ रुपया महीना दूं तो क्या वे मेरी लड़की को आसरा देंगे। उसने मना कर दिया—'एक जवान लड़की; न जी, सवाल ही नहीं पैदा होता।' फिर मैं एक बहू के पास गई—

'मुझे त्रिशूर में छोटी-सी नौकरी मिल जाएगी। क्या तुम ज़ीनू के लिए कुछ कर सकती हो?'

उसने कहा—'आंटी, यहां तो मेरा रहना ही दुश्वार है। मेरी सास और तीनों ननदें हमेशा मुझसे लड़ती रहती हैं।'

मैंने उससे कहा—'अगर तुममें दम है तो तुम इन्हें छोड़ दो और मेरी बेटी की देख-रेख करो।'

फिर यह तय हुआ कि साथ वाला छोटा-सा घर किराए पर ले लिया जाए। जब मेरे मियां ने सुना कि मैं छ: सौ रुपये महीना खर्च करने को तैयार थी तो वह रखवाला बनने को तैयार हो गया और बोला—

'तुम्हें लड़की को उस बहू के पास छोड़ने की ज़रूरत नहीं है। मैं इसे अपनी बहनों के पास रखूंगा।'

मैं मान गई—'ठीक है, कुछ करो, अपनी बहनों से पूछो। देखें कि कौन इसे रखने के लिए तैयार होती है?' उसने सारी बहनों से पूछा लेकिन कोई भी राज़ी नहीं थी— 'अगर ज़ीनू उनके किसी लड़के से दिल लगा बैठे? अगर घर से भाग जाए?' इस तरह वो निराश लौट आया। मैंने कहा—'देख लिया न! तुम्हारी कोई भी बहन ज़ीनू को अपने यहां नहीं रखना चाहती। बहू को कोई एतराज नहीं है। उसे ज़ीनू के भागने का भी डर नहीं है। अगर ज़ीनू भाग भी गई तो वो कहेगी कि चलो अच्छा ही हुआ।'

एक बार फिर, मैं त्रिशूर में थी। ये 1999 के शुरुआती दिन थे। मैं ज़ीनू से मिलने के लिए, हफ्ते में दो बार तिरुअनंतपुरम जाती। मेरे साथ हमेशा महंगे होटलों का खाना और रुपये होते, मेरी बेटी नहीं जानती थी कि वो सब क्या चल रहा था, लेकिन मन-ही-मन बेचैन थी। उन दोनों को, खासतौर पर बहू को मेरी कमाई के बारे में शक होने लगा था। ज़ीनत ने पूछना शुरू कर दिया था—'ये तुम कहां से लाई? ये तुम्हें किसने दिया?' मैं उससे कहती कि मेरा एक दोस्त मेरी मदद कर रहा था। हमें किसी-न-किसी तरह गुज़ारा तो चलाना ही है, पापा ने हमें छोड़ दिया है इसलिए मुझे ये सब करना पड़ रहा है।

जब ज़्यादा रुपया मिलने लगा तो मैंने सैक्स वर्क के बारे में बताया। मैंने उससे कहा—'मैं एक रात में हज़ार रुपये कमा सकती थी और उसके पास जल्दी-से-जल्दी लौट सकती थी। मैं जल्द-से-जल्द उसके पास लौटना चाहती, क्योंकि वो ऐसे माहौल में रह रही थी, जो उसे पसंद नहीं था, मैं तो यह भी नहीं जानती थी कि वो वहां आराम से थी भी या नहीं? मेरी लड़की में हमेशा से यह खूबी रही है। कुछ अच्छा न लगे तो वो मुंह से कुछ नहीं कहेगी। उसे चुप रहने की आदत है। खुले आम अपनी नापसंद ज़ाहिर करने की बजाय वो सब कुछ कबूल कर लेती है इसलिए मैं अब भी नहीं कह सकती कि उसने मुझे पूरी तरह अपना लिया है।

4

ट्रेड यूनियन

मैं जीवन में काफी भटकती रही। कभी सेक्स वर्क किया तो कभी कोई दूसरा काम, लेकिन जब मैं सैक्स वर्करों के हक में काम करने वाली संस्था 'ज्वालामुखी' से जुड़ी तो मैंने सैक्स वर्क करने का ही फैसला कर लिया। शारदा, ललिता और कुछ दूसरी औरतों ने यह संस्था बनाई थी और उसके लिए काम कर रही थीं। मैं पहले से काम कर रही संस्था से जुड़ी, इसे मैंने नहीं बनाया था।

एक दिन मैं तिरुअनंतपुरम से त्रिश्शूर लौटी ही थी, और नगरपालिका सुविधा केंद्र के केयरटेकर से, खुले पैसों के लिए झड़प रही थी। दो औरतें, वहां खड़ी सब देख रही थीं। वे मेरे पास आकर फुसफुसाईं—'तुम जैसों की ज़िंदगी, कभी नहीं सुधरने वाली।' मैं हैरान थी। ये कौन-सी अनजानी औरतें थीं। मैं उन्हें जानती तक नहीं थी और वे मुझे डपट रही थीं।

दरअसल उनका मतलब था—'तुम यहां तमाशा क्यों खड़ा कर रही हो? बेहतर होगा कि तुम हमारे ऑफिस में आओ।' उन्होंने मुझे बताया कि 'ज्वालामुखी' का ऑफिस, त्रिश्शूर से पांच किलोमीटर दूर अंचेरी में था। मैंने उसी शाम एक आटोरिक्शा किया और अंचेरी जा पहुंची। उस जगह का पता लगाना मुश्किल नहीं था क्योंकि उन दिनों 'ज्वालामुखी' का नाम लोगों में काफी मशहूर हो गया था। उसमें शामिल होने वाले लोग 'ज्वालामुखीकल' कहलाते। उस दिन मुझे वहां जाने में भी शर्म आ रही थी। इसलिए मैं अंदर नहीं गई।

अगले दिन, हालांकि थोड़ी हिचकिचाहट अब भी थी, पर मैं अंदर चली गई। यह घर अंचेरी के बीचोंबीच खड़ा था। वहां 'एड्स' पर कोई कक्षा चल रही थी। मैंने बाद में सुना कि गुरुवायूर श्रीकृष्ण कॉलेज के प्रोफेसर गोकुलदास कक्षा ले रहे थे। कई सैक्स-वर्करों ने अपने-अपने तजुर्बे सुनाए। वहां इस बारे में खुलकर बातचीत होती थी कि पुलिस हमें कैसे सताती थी और किस-किस तरह के ग्राहक मिलते थे। मेरे लिए सब कुछ नया था।

जब मैं वहां दूसरी मुलाकात के लिए पहुंची, तब तक मैं संस्था का एक हिस्सा बन चुकी थी। हर कोई अपनी-अपनी परेशानियों की बात करता, कोई भी हल तलाशने की बात नहीं करता था। वो शिकायतें करते—'सोमवार को मुझे पुलिस ने मारा, मंगलवार को पुलिस ने घूंसा मारा, ठगों ने मुझ पर हमला कर दिया, मुझे मेरे घर से निकाल दिया गया, दुकानदार ने मेरी बेइज़्ज़ती की—' कोई भी यह नहीं बताता था कि उसने पलटकर क्या किया?

मुझे तो इन बातों का कोई मतलब समझ नहीं आता था। हम कह रहे थे कि हमारी एक संस्था थी। हम यह भी कह रहे थे कि संस्था बड़ी ताकतवर थी। हम पुलिस थाने जा रहे थे, लोगों से मिल रहे थे, मीटिंग रख रहे थे, अपनी परेशानियां सुना रहे थे, लेकिन क्या हममें से कोई भी हल खोज रहा था? मैं समझ नहीं सकी कि ऐसा क्यों था? कुछ दिन तक चुपचाप सब सुनने के बाद; जब थरेसिया ने बोलना शुरू किया तो मैंने एक सवाल पूछा। थरेसिया एक ज़बरदस्त औरत थी। अगर चाहे तो पूरे त्रिश्शूर को सीधा कर सकती थी। वो किसी भी पुलिसवाले से निबट सकती थी।

मेरा सवाल था कि क्या हम सिर्फ शिकायतें ही कर सकते थे, क्या हमारे पास उनसे पार पाने के कोई सुझाव नहीं थे? पॉलसन ने थोड़ा चिढ़कर कहा, 'वो हमारे पास इसलिए आती हैं क्योंकि उनके पास कोई हल नहीं होता, ठीक है?' मैंने उसे जल्दी से याद दिलाया—'हमें शुरुआत में बताया गया था कि यह संस्था इसलिए बनाई गई है ताकि हम मिलकर हल निकाल सकें।' उसने जवाब दिया—'अगर तुम्हारे पास कोई हल है, तो हमें क्यों नहीं बतातीं?'

मुझे ज़रा भी उम्मीद नहीं थी कि कोई मेरा कहा मानेगा। हर कोई सताने की कहानियां सुना रहा था और उसी दायरे में घूम रहा था। मैंने अपना सुझाव रखा। लोगों ने ऐसे हालात सामने रखे थे, जब पुलिस गिरफ्तारी का सामना करना पड़ता था। हर जगह कहानी एक-सी थी—पुलिस आपको पकड़ती है, आप वकील के पास जाते हैं, अदालत में जुर्माना भरते हैं और एक बार फिर पुलिस आपको पकड़ लेती है—इसी तरह यह सब चलता रहता है। कइयों ने बताया कि उन्हें वकील को कितना-कितना पैसा देना पड़ा। जबकि इसकी कोई ज़रूरत ही नहीं थी। किसी को जुर्माना भरने के लिए वकील की क्या ज़रूरत है? हम कोई अपराध या जुर्म तो नहीं करते थे इसलिए हमें इस दावे के साथ अपना मुकदमा लड़ना था कि हमें सज़ा नहीं दी जानी चाहिए।

कई लोगों को इस बारे में शक था। उन्होंने कहा—यह तो तकरीबन नामुमकिन है। मैंने उनसे कहा—'नहीं, आप गलत हैं। अगर दो लोग हमारी ज़मानत दे सकें तो

हम बहस कर सकते हैं कि हमने कोई गलती या जुर्म नहीं किया। हम अपना मुकदमा खुद लड़कर अपने आप को बेकसूर साबित कर सकते हैं।'

उनमें से कुछ ने पूछा—'क्या हम सचमुच ऐसे धंधे में नहीं हैं, जिसे अपराध माना जाए?'

मैंने उन्हें बताया—'यही तो अड़चन है। अगर तुम सोचते हो कि यह एक जुर्म है, तो तुम्हें सज़ा ज़रूर मिलेगी। अगर तुम सोचते हो कि तुमने कोई डाका डाला है, तो सबसे पहले आस-पास वाले तुम पर झपटेंगे, फिर पुलिस और अदालत तुम्हें सज़ा देगी। हम गुनाहगार क्यों हैं? किस नज़रिए से? अगर सेक्स कोई गुनाह है, तो दूसरे आदमी को भी सज़ा मिलनी चाहिए। उसे कभी सज़ा क्यों नहीं मिलती? क्या वो भी एक गुनाहगार नहीं है?' इसके बाद यह सवाल उठ खड़ा हुआ कि एक आदमी को कैसे पकड़ा जा सकता था।

मैंने उनसे कहा—'यही रवैया हमें हल नहीं तलाशने देता। आप सोचते हैं कि आप गलत हैं। वकील आपसे पैसा ऐंठने के लिए तारीखें डलवाता है और आपको जुर्माना भरना पड़ता है। वे आपके हक के लिए कोई आवाज़ नहीं उठाते।'

यह सुनकर पॉलसन बहुत जोश में आ गया। हालांकि वो पहले थोड़ा चिढ़ गया था लेकिन फिर उसने मुझे हौसला देना शुरू कर दिया। उसने मुझसे पूछा कि हम क्या कर सकते थे। इसके बाद काफी लंबी बातचीत हुई। सबसे पहले तो तय करना था कि ज़मानत कौन देगा, यही सबसे पहली रुकावट थी। यह कोई ऐसा व्यक्ति होना चाहिए, जिसके पास टैक्स की रसीद हो। कइयों के प्रेमी या परिवार वाले थे। मुश्किल यह थी कि संस्था को कैसे पता चलता। मैंने कहा—'हमारी संस्था को सबसे पहले यही काम करना चाहिए। अगर तुम पकड़े जाओ, तो मैं तुम्हारी मदद के लिए आऊं। यदि मैं पकड़ी जाऊं तो तुम मेरी मदद करो। किसी ने पूछा कि ज़मानत देने वाला बार-बार न जा सके तो क्या करें। मैंने कहा कि हमें सबकी ज़मानत देने की ज़रूरत नहीं है। जिन पर हम भरोसा कर सकें, उनके लिए ही ऐसा करें, दूसरे अपने दोस्तों की मदद ले सकते हैं। फिर हमें लगा कि एक वकील भी चाहिए और हमारी बातचीत का रुख इस ओर हो गया। सारी बातचीत खत्म होने के बाद किसी ने पूछा कि लोगों के बीच यह सब कुछ कौन बोलेगा? बिल्ली के गले में घंटी कौन बांधेगा? हमें बंद दरवाज़ों में होने वाली मुलाकातों से ही संतुष्ट नहीं होना चाहिए। मैंने ज़ोर दिया कि हमें लोगों के बीच अपनी बात रखनी होगी। इससे पहले ऐसी दो मीटिंग हो चुकी थीं लेकिन वो हमारे यहां नहीं हुई थीं। मैंने उनसे कहा कि मैं लोगों के बीच बोलने को तैयार थी।'

मेरा पहला भाषण

अगले सप्ताह नगरपालिका ऑफिस के सामने एक मीटिंग थी। मुझे हाथ में माइक थमा कर बोलने को कहा गया। अगर सच कहूं तो मुझे उसी दिन समझ आया कि लोगों के सामने भाषण देना कितना मुश्किल हो सकता है। मेरे हाथ डर के मारे कांपने लगे। मुझे कुछ पता नहीं था कि मुझे क्या कहना है। मैं बस इतना जानती थी कि जो कुछ भी कहना है, साफ और तेज़ आवाज़ में, नेताओं की तरह बोलना है। मैंने माइक थामकर कहा—'हम यहां सैक्स वर्करों की संस्था के लिए आए हैं। हम चाहते हैं कि हमारे हक को भी पूरा मान मिले। पुलिस को हमें मारना नहीं चाहिए। गुंडों को हमें सताना नहीं चाहिए।' जब मैं यहां तक पहुंच गई तो मेरी कंपकंपी बंद हो गई। मैं लगातार बोलती गई—'हम अकेले ही यह जुर्म नहीं करते। हमारे पास वकील आते हैं, व्यापारी आते हैं, डॉक्टर आते हैं। यह सही नहीं है कि उन्हें पूरा मान-सम्मान मिले और हमें गुनाहगार ठहरा दिया जाए।'

मेरा भाषण सुनते ही यहां-वहां बिखरे लोग इकट्ठे हो गए और वहां भीड़ हो गई। वे सब बड़ी बेचैनी से यह जानना चाहते थे कि मैं किसका नाम सबसे पहले लूंगी। यह एक ऐसी मीटिंग थी, जहां कोई मंच नहीं था। भीड़ हमें छू रही थी। मुझे पक्का पता नहीं था कि उसके बाद क्या कहना है। मैंने यह कहते हुए माइक रख दिया, 'अगर आपमें से किसी को भी लगता है कि मैं गलत हूं तो कृपया यहां आकर कहें।'

सबने कहा—'नलिनी, तुम बहुत अच्छा बोलीं।' इससे मुझे डर व घबराहट से छुटकारा मिला और आत्मविश्वास भी बढ़ गया। यह सब सुनकर अगले हफ्ते मैत्रेयन आया। उसने मुझे और जोश दिलाया। मैंने सुना था कि मैत्रेयन और जयश्री तिरुअनंतपुरम में काफी काम कर रहे थे, लेकिन मैं उनके बारे में ज्यादा नहीं जानती थी। आखिर में, जब जुलूस शुरू हुआ तो तीन-सौ-साढ़े तीन सौ सैक्स वर्करों में से सिर्फ नौ ही शामिल हुए। हमारे अलावा नंदिनी वकील, मैत्रेयन, दो औरतें (जो मैत्रेयन के साथ आई थीं) और पॉलसन था। कुल मिलाकर हम दस से चौदह लोग थे।

नंदिनी सबसे आगे एक गाड़ी से बोल रही थी। अगर किसी जुलूस में नारे न हों तो वह जुलूस नहीं लगता। सब चुप थे। कुछ देर चलने के बाद मैंने नारा लगाया—'पुलिस, इंसाफ करो।' मैंने कई हड़तालों में यह नारा सुना था। मैंने मार्क्सवादी पार्टी के जुलूस देखे थे और मुझे लगता था कि 'इंकलाब ज़िंदाबाद' के नारे के बिना कोई जुलूस हो ही नहीं सकता। मौली ने नारा लगाया—पुलिस की गुंडागीरी बंद करो! मैंने उसे टोकना चाहा तो मैत्रेयन ने इशारा किया कि हम कुछ भी बोल सकते थे, हमें किसी से डरने की ज़रूरत नहीं थी।

फिर तो मन में जो आया, हम नारे लगाते रहे। हम टेक्किनकाडु मैदान के पास पहुंच गए। वहां पुलिस, हाथ में लाठियां लिए हमारा इंतज़ार कर रही थी। मैत्रेयन ने कहा कि हम यहां एक बार नारे लगाएंगे, फिर इधर–उधर बिखर जाएंगे।

पुलिसवालों की नज़र मुझ पर पड़ी। उन्होंने मौली को एक ओर बुलाकर पूछा, 'ये कौन है?' हालांकि मैं उस जगह पच्चीस–छब्बीस साल बिता चुकी थी, लेकिन फिर भी पुलिसवाले मुझे अच्छी तरह नहीं जानते थे। कुछ पुराने पुलिसवाले पहचानते थे, नए तो बिल्कुल ही नहीं जानते थे। मौली बोली,—'सार!' ये तो बहुत पुरानी है।'

'पुरानी?'

'आपको याद नहीं कि आपने इसे ले जाने के लिए दो सौ रुपये दिए थे?'

मैंने एक बार पुलिसवाले से दो सौ रुपये लिये थे और उसके साथ जाने की बजाय, वहां से गायब हो गई थी। पुलिसवाला मेरी ओर देखकर खिसियानी–सी हँसी हँसा और वहां से परे हो गया। इससे तो मैं और भी निडर हो गई।

यह 1999 के दिन थे। उस साल के आखिर में 'एच.आई.वी. और पुरुषों की भूमिका' पर एक विचारगोष्ठी हुई। मुझे देवदासियों के सामाजिक हालात पर बोलने को कहा गया। मैंने इस बारे में कई किताबें देखीं। काफी समय पहले केरल आने वाले यात्रियों के दस्तावेजों में 'अम्माच्चीवीडुकल' का ज़िक्र मिलता था। मैंने अपने पेपर में इन्हें भी शामिल कर लिया। मेरा मानना था कि विचारगोष्ठी में आपको पेपर देखकर पढ़ना होता है।

मुझे सबसे पहले बोलना था। अगर ऐसा न होता तो मैं सबसे पहले बोलने वाले की तरह ही बोलती। मेरे बाद ललिता व शारदा की बारी थी। मैंने दो देवदासियों के परिवारों की बात की, जो काफी समय पहले मुवाट्टुपुज्ज़ाह व त्रिश्शूर में रहती थीं। उन दिनों, उन्हें देवदासी की बजाय कुथीचि व तेविडिशशी जैसे गंदे नामों से बुलाया जाता था, हमारे लिए भी इन्हीं गालियों का इस्तेमाल होता।

यह भाषण एक हाई स्कूल के हॉल में हो रहा था। हमारे पास माइक था। जब माइक से कुथीचि व तेविडिशशी जैसे शब्द गूंजने लगे तो वहां भीड़ जमा हो गई। पूरा हॉल खचाखच भर गया।

तब मैंने, अपने हाथ में पकड़े पेपर को एक ओर रख दिया। मैंने आज और बीते कल के फर्क पर बात करते हुए, आज के बारे में बोलना शुरू कर दिया। मैंने कहा कि आजकल हमें वेश्याएं या सैक्स वर्कर कहा जाता है, यह तो ठीक है लेकिन हमारे लिए 'पेट्टी' या 'तट्टी' जैसे गंदे शब्दों का इस्तेमाल नहीं करना चाहिए। अगर आप हमें पहले समय जैसा मान और हैसियत नहीं दे सकते तो

कोई बात नहीं, पर हमें सताना और बेइज़्ज़त करना बंद कर दें। ...'' और मैं नेताओं की तरह बोलने लगी। 'सोलह लोग गिरफ्तार हो चुके थे,' मैंने आंकड़े दिखाकर बताया, उनमें से किसी के भी ग्राहक को नहीं पकड़ा गया था।' वह विचारगोष्ठी कुछ और ही बन गई थी।

हालांकि मुझे अच्छी तरह ध्यान था कि यह गोष्ठी, सामाजिक स्वास्थ्य कार्यक्रम (पी.एस.एच.) की हिस्सेदारी में थी मैंने अपने श्रोताओं को याद दिलाया कि सुरक्षित सैक्स न करने की वजह से ही एच.आई.वी. रोग फैलता है। तभी लोगों में से एक कैथोलिक डॉक्टर उठ खड़ा हुआ और बहस करने लगा कि कंडोम का इस्तेमाल नहीं करना चाहिए। उसका मानना था कि यह कुदरत के खिलाफ था। मैंने उसे कहा—'ठीक है, फिर तो तुम्हें सारी दवाओं का इस्तेमाल बंद कर देना चाहिए और सिर्फ प्रार्थना करनी चाहिए, इसी से सब बीमारियों का इलाज हो जाएगा। इस तरह विचारगोष्ठी, ज़बरदस्त वाद-विवाद में बदल गई। डॉक्टर एक मेहमान की हैसियत से वहां आया था। मैत्रेयन किसी भी काम में रुकावट नहीं डालता था। उसने हमें कभी भी रोकने की कोशिश नहीं की।

कार्यक्रम के बाद, हमारे आस-पास लोग जमा हो गए। वो जानना चाहते थे कि मैं कौन थी और इस धंधे में कैसे आई?

जब मैंने कहा कि मैं एक सैक्स वर्कर हूं तो वे बोले—'अच्छा! तो मैत्रेयन ने तुम्हें बोलना सिखाया होगा, पॉलसन ने तुम्हें अच्छी ट्रेनिंग दी है।' हालांकि भाषण मैंने खुद दिया था लेकिन लोगों का मानना था कि मैं मैत्रेयन या पॉलसन के कहे शब्द दोहरा रही थी। मैंने लगातार इसी बात पर ज़ोर दिया कि मैत्रेयन और जयश्री सैक्स वर्कर नहीं, वे तो सिर्फ हमें मदद देने के लिए आगे आए हैं।

'ज्वालामुखी' के साथ काम करते हुए मुझे एक और तजुर्बा हुआ। वहां बच्चों के लिए एक डे-केयर सेंटर था। मैं वहां काम करने वाली आया के पति से मिली। मुझे वहां संस्था के कुछ काम से ठहरना था। अपने सहेली सुजाता की सलाह पर मैं उस आदमी के साथ चली गई। उसने वल्लाचीरा में एक मकान किराए पर ले रखा था, हम वहीं चले गए। वह ताश खेलने जाने लगा, तो मुझे कहा—'किसी के पूछने पर बता देना कि तुम मेरी रिश्तेदार हो।'

यह मकान काफी बड़ी इमारत में था। मैं जिस कमरे में रह रही थी, उसके साथ वाला कमरा किसी शरबत बेचने वाले के पास था। उस आदमी को शक हो गया क्योंकि मेरे कमरे पर तकरीबन ताला रहता। शायद वहां औरतों को लाना एक आम बात थी। जब उसने अंदर झांका तो मैं गहरी नींद में थी। उसने ज़ोर से दरवाज़ा खटखटाकर पूछा कि मैं कौन हूं। मैंने कहा कि मैं किसी रिश्तेदार को अस्पताल ले

जाने के लिए आई थी। उसने कहा—'मैं नहीं मानता, मुझे अच्छी तरह पता है कि तुम यहां क्या कर रही हो।'

'अच्छा! चलो ठीक है, तब तो मेरा काम और भी आसान हो गया।' मैंने भी मुंहतोड़ जवाब दिया।

उसने सोचा था कि मैं डरकर घबरा जाऊंगी। कुछ देर लड़ने के बाद, वह वहां से चला गया।

फिर उसने आस-पास की कुछ औरतों को साथ लिया और दोबारा आ धमका। वे सब मिलकर मुझे गालियां देने लगे कि मेरी जैसी औरतों की वजह से ही दुनिया का बेड़ा गर्क हो रहा था। मैं उन्हें बताना चाहती थी कि यह सब सिर्फ हमारा किया-धरा नहीं, उनके देश के मर्द, इस तरह के कामों को अंजाम देते हैं! लेकिन उस हालात में, चुप रहने में ही भलाई थी, इसलिए मैंने कुछ नहीं कहा। उन्होंने धमकी दी कि अगर मैंने अपने बारे में सच नहीं बताया, तो वे पुलिस बुलवा लेंगे। तब तक मैं अंदाज़ा लगा चुकी थी कि वे लोग बड़े तीस मारखां नहीं थे। मैंने कहा—'कृपया, पुलिस बुलवाइए।'

पुलिस आ पहुंची। उन्होंने देखा कि मुझे जाल में फांसना आसान नहीं था। अगर आप जरूरत से ज़्यादा सीधे और डरे हुए नज़र आए, तो आपको फंसाना आसान होता है। सब-इंस्पेक्टर ने मुझे एक ओर बुलाया और जवाब तलब करने लगा। कि मैं वहां क्यों थी?

'मैं उस आदमी के साथ आई थी।' मैंने कहा।

'तुम उसे कब से जानती हो?'

'छह साल से।'

'तुम उसे कहां मिलीं?'

'अलूवा में' (मैं जानती थी कि वहां उसकी जूतों की दुकान थी)

'तुम्हारा उससे क्या रिश्ता है?'

'वो मेरा अच्छा दोस्त है।'

'कैसा दोस्त?'

'सार!' आप जैसा समझते हैं, वैसा ही दोस्त है।'

'उसकी उम्र कितनी है?'

'छत्तीस साल।'

'तुम कितने साल की हो?'

'बयालीस साल।'

बस, अब उसके पास पूछने के लिए कुछ नहीं बचा। उसने पता मांगा तो मैंने 'ज्वालामुखी' का पता और पॉलसन का फोन नंबर दे दिया।

जब सारी कहानी खत्म हो गई, तो जो आदमी मुझे वहां ले गया था, वह शुरू हो गया, यह उसकी इज़्ज़त का सवाल था। उसने कहा कि अगर मैं वहां एक दिन और न ठहरी तो वह अपना सिर उठाकर नहीं चल पाएगा। मैं मान गई लेकिन उस रात वहां अकेले सोने की हिम्मत नहीं कर सकी। इसलिए मैंने शारदा को साथ देने के लिए बुलवा लिया।

आप उस घर से तीनों ओर देख सकते थे। साथ वाले घर में, चार-पांच लोग एक साथ खड़े थे। उससे अगले मकान में भी लोग जमा थे। अलग-अलग जगह पर करीब बीस लोग इस तरह खड़े थे, मानों चौकसी पर हों। उन्हें लग रहा था कि गुंडे उनके घरों को कभी भी तहस-नहस कर सकते हैं क्योंकि उन्होंने हमें परेशान किया था। चारों ओर शक का माहौल था, ऐसा लगता था कि कहीं बमबारी होने वाली थी। जबकि हकीकत यह थी कि उस घर में दो औरतें रह रही थीं, जो किसी को नुकसान नहीं पहुंचा सकती थीं। अंधेरे में भी, लोग यहां-वहां आते और बात करते दिखाई दिए...

रात ग्यारह बजे हमने पुलिस को फोन किया। उन्होंने दरवाज़ा खटखटाया तो हमने उन्हें खिड़की पर आने को कहा। हमने कहा—'हम तभी दरवाज़ा खोलेंगे, जब हमें पूरा यकीन हो जाएगा कि आप पुलिसवाले ही हैं।'

पुलिस खिड़की की ओर आ गई। यह वही सब-इंस्पेक्टर था, जो दोपहर को भी आया था।

'क्या तुमने यहां रहने का फैसला कर लिया है?'

'जी हां।'

'तुम कैसे रहोगी?'

'किराए पर।'

'क्या तुमने किराए पर राज़ीनामा लिख लिया?'

'कल शनिवार था और आज रविवार है हम कल सोमवार को राज़ीनामा तैयार करेंगे।'

'आस-पास के लोग डरे हुए हैं कि तुम्हारा गैंग, रात को उन पर हमला कर सकता है। हम क्या करें?'

'यहां कोई नहीं आ रहा और न ही कोई हमला होने वाला है लेकिन अगर हम पर हमला किया गया तो आप देख लेना कि किसने हमें मारा, क्योंकि हम तो रिपोर्ट लिखवाने के लिए ज़िंदा नहीं बचेंगी।'

फिर उन लोगों को हमारी सच्चाई पर यकीन हो गया। लोग कहते हैं कि जीतने के लिए ताकत चाहिए। ऐसा नहीं है, अगर आप दिमाग से काम लें और हालात के हिसाब से चलें तो कई मुश्किलों से बच सकते हैं। मुझे इस बात पर पूरा भरोसा है।

मौत से सामना

चावाकाड्डू में मेरा एक ग्राहक रहता था, वह मुझे लाने के लिए ऑटो रिक्शा भेजता था। जब तक वह घर से न निकलता, मैं ऑटो में यहां से वहां चक्कर लगाती रहती। एक दिन मैं ऑटो में बैठी, गुरुवायूर रेलवे स्टेशन के आस-पास चक्कर लगा रही थी। तभी मैंने ध्यान दिया कि कोई मोटर साइकिल पर हमारा पीछा कर रहा था। हमने उसे कई बार पीछे छोड़ने की कोशिश की, लेकिन वो लगातार हमारे पीछे था। हम शहर में जाकर उससे जान बचा सकते थे, लेकिन अगर ये लोग शोर मचा देते तो पुलिस हमें गिरफ्तार कर लेती और ऑटो वाले की भी जमकर पिटाई होती।

जब हमने देखा कि उससे पीछा छुड़ाना बिल्कुल नामुमकिन हो गया तो मैंने ऑटोवाले से कहा कि वह मुझे सड़क पर एक ओर उतार दे और तेज़ी से ऑटो चलाकर, वहां से निकल जाए। मैं ऑटोरिक्शा से नीचे उतरी और मोटर साइकिल सवारों को पुकारा, जैसे मैं कुछ जानती ही नहीं थी। मेरा अपना तजुर्बा है कि जब खतरे का सामना करने के सिवा कोई चारा न हो तो हमलावरों का साथ देने में ही भलाई होती है।

मोटर साइकिल वाले यह देखकर अचंभे में पड़ गए। आमतौर पर औरतें ऑटो से उतरकर, जान बचाने के लिए भागने लगती हैं। मैं जानती थी कि वहां भागना भी बेकार था। मैं पकड़ी जाती और पिटाई होती, सो अलग!

उन्होंने पूछा—'क्यों री! क्या ख्याल है?'

'तुम काफी देर से मेरा पीछा कर रहे हो, मैंने सोचा कि अगर तुम बढ़िया ग्राहक हो तो साथ चलने में क्या बुराई है।' मैंने कहा।

यह सब उनके लिए नया था। वे मुझे मोटर साइकिल पर बिठाकर ब्रह्मकुलम ले गए। मोटर साइकिल एक राशन की दुकान के सामने रुकी। यह एक अधूरी और खाली इमारत थी। मुझे सबसे ऊपरी मंज़िल में ले जाया गया। वहां एक लड़के ने मेरा इस्तेमाल किया और पैसे भी दिए, लेकिन वो लगातार मुझसे तरह-तरह के सवाल पूछता रहा, जैसे, क्या तुम जवान लड़कियां ला सकती हो? क्या तुम अपनी लड़कियों से मिलवा सकती हो? ये सब सवाल इसलिए पूछे जा रहे थे कि मैं भड़क जाऊं और वे मेरे साथ मार-पीट कर सकें। ऐसे लोग हमें भोगने के बाद, चोट पहुंचाए बिना बाज़ नहीं आते। यह सब हमें भड़काने और फिर वहशीपन दिखाने के

तरीके होते हैं। मैंने बड़ी शान से झूठ बोला—'मेरे तो सिर्फ दो बेटे हैं। जिनसे मिले हुए भी एक अरसा बीत गया है। मैंने किसी तरह टालमटोल कर अपनी जान बचाई। फिर दूसरे लड़के की बारी आई। उसने तो पैसे भी नहीं दिए। उसने भी अपनी ओर से मुझे पागल करने की पूरी कोशिश की, लेकिन उसकी चाल भी नाकामयाब रही। फिर वे मुझे छत पर ले गए और वहीं इंतज़ार करने को कहा। उन्होंने वादा किया कि दिन ढलने पर मेरी वापसी का इंतज़ाम कर देंगे।

जो लोग सचमुच हमारा ध्यान रखते हैं, वे बस अड्डे या रेलवे-स्टेशन के आस-पास छोड़ देते हैं। जब वे लड़के मुझे छत पर ले गए तो मुझे किसी खतरे की बू आने लगी। मैं वहां से उतरी और पास वाले घर में चली गई। वहां एक कुत्ता ज़ंजीर से बंधा था। दूर से देखने पर वह दिखाई नहीं देता था। वह काफी लंबी ज़ंजीर से बंधा था। आंगन में नारियल के रेशे का ढेर पड़ा था। मैं रेंगती हुई वहीं चली गई और नारियल की पत्तियों से अपने-आप को ढंक लिया।

मैं वहां से उन लड़कों को वापस आते हुए देख सकती थी पर वे मुझे नहीं देख सके। मैं वहीं सांस रोककर लेटी रही और सड़क की ओर देखती रही।

गुरुवायूर में एक अनाथ पगली रहती थी, पिछले हफ्ते उसी जगह पर उस लड़की का खून हो गया था। वो यहां-वहां भटकती रहती थी। जब पैसे की ज़रूरत पड़ती तो वो सैक्स-वर्क करती। उसे तीन आदमी, सुनसान जगह ले गए थे वहां पांच आदमी और आ गए। आठ लोगों ने उसके साथ ज़ोर-ज़बरदस्ती शुरू की तो वो चिल्लाई। उन्होंने उसे चुप कराने की कोशिश की। इस तरह दम घुटने से लड़की की जान चली गई।

इस बात में कोई शक नहीं था कि जो ब्रह्मकुलम गैंग मुझे वहां लाया था, वह उन्हीं की करतूत थी। वो खून उसी जगह, ब्रह्मकुलम के बीचोंबीच हुआ था। सभी लोग जानते थे कि यह किसकी कारस्तानी थी, लेकिन मुंह खोलने की हिम्मत किसी में नहीं थी। हमने इस बात के विरोध में धरना दिया। मैंने मीटिंग में भी यह मुद्दा उठाया, लेकिन सब बेकार गया। खूनी खुलेआम घूम रहे थे। चूंकि एक सैक्स वर्कर की जान गई थी इसलिए समाज को भी इससे कोई लेना-देना नहीं था।

एक बार फिर मुझे मौत से दो-दो हाथ करने का मौका मिला। मैं एक ऑटो रिक्शा चलाने वाले के जाल में फंस गई। चंद्रन गुरुवायूर में पुलारी नाम का ऑटो चलाता था। उसकी असलियत कोई नहीं जानता था। मैंने अपनी सहेलियों से सुना था कि कोई आदमी सैक्स वर्करों को धोखे से ऐसी जगहों पर ले जाता है, जहां दस-बीस लोग उनका इस्तेमाल करते हैं। चंद्रन ने मुझे नकद पांच सौ रुपए दिये और कहा कि वह रात को दस बजे आएगा और मुझे त्रिश्शूर की एक लॉज में ले जाएगा।

चूंडाल और केचरी के बीच एक सुनसान जगह पर ऑटो रुक गया। बहाना बनाया गया कि इंजन में खराबी आ गई थी। कई बार कोशिश करने पर भी इंजन चालू नहीं हुआ। मैं देख सकती थी कि वह नाटक कर रहा था।

उसने सलाह दी कि हम दोनों को पास वाले नारियल के बगीचे में चले जाना चाहिए। हम काफी ऊंची दीवार कूदकर बगीचे में पहुंचे। वहां की ज़मीन काफी दलदली थी, पेड़ों के नीचे काफी पानी जमा हो गया था। वह मुझे यह कहकर छोड़ गया कि थोड़ी ही देर में लौट आएगा। मुझे बचने की कोई राह नहीं सूझ रही थी। मैं बगीचे में जहां भी छिपती, वह मुझे खोज लेता। आखिर में, मैंने खुली जगह में काफी रेत खोदी और गड्ढा-सा बनाकर उसमें लेट गई। मैंने अपने-आप को रेत से अच्छी तरह ढक लिया। वहां लेटे-लेटे मैंने गिना कि दीवार से सत्रह लोग भीतर कूदे। उन्होंने मुझे हर तरफ खोजा। ज़रा-सी भी आहट होती और मैं उनके पंजों में पहुंच जाती। मैंने उन्हें कहते सुना कि शायद मैं दलदल में गिरकर मारी गई हूं और सुबह मेरी लाश वहां मिलेगी। वो बात कर रहे थे कि अगर लाश मिली, तो सबके लिए मुसीबत खड़ी हो सकती थी। वे उसके बाद थोड़ी और देर तक खोज-बीन करते रहे, फिर लौट गए। मैं वहां रोशनी होने तक लेटी रही।

मैंने उनसे बदला लेने का पक्का फैसला कर लिया था। मैं सुबह-सुबह पुलिस थाने पहुंची और उनकी शिकायत दर्ज करवाई। उनके दल के सात लोग पकड़े गए। हालांकि मुझे भी सारा दिन थाने में बंद रखा गया, लेकिन मुझे इस बात की खुशी थी कि चंद्रन सलाखों के पीछे पहुंच गया था।

अम्मू

अम्मू, वो अब नहीं रही। उसका स्वभाव मुझसे बिल्कुल उलट था। जीवन में उसके लिए कुछ भी मायने नहीं रखता था। उसने करीब बीस कविताएँ लिखीं। गुरुवायूर के देवता के बारे में उसने जो कविता लिखी थी, वह आज भी मुझे अच्छी तरह याद है :

> *ओ गुरुवायूर के देवता!*
> *मैं तुम्हारे द्वार तक आई,*
> *पर तुमने मुझे पहचाना नहीं,*
> *मैं तुम्हारी गहरी नीली काया की दीवानी हूँ।*

वह एक आदिवासी लड़की थी। वह चरस पीती थी और चरस बेचने वालों से भी उसका संबंध था। मुझे शक है कि वो भी इसे बेचने के धंधे में पड़ गई थी। इसी

धंधे की मुश्किलों की वजह से उसकी जान गई। उसने एक बार मुझसे कहा था—
'नलिनी चेच्ची! अगर मैं मर गई, तो तुम यही समझ लेना कि किसी ने मेरा कत्ल किया है, क्योंकि मैं कभी खुदकुशी नहीं करूँगी।'

चाहे आप जितना भी पूछें, वह कभी नहीं बताती थी कि उसके साथ क्या परेशानी थी। एक बार उसने बताया कि उसका एक बच्चा है, जो अपाहिज है। उसने यह नहीं बताया कि बच्चा कहाँ था। वो मुझसे और दूसरी सहेलियों से भी अपनी मौत की ही बात करती रहती। हम सोचते कि वह नशे में होने की वजह से ऐसा करती थी।

इसी दौरान मैं तिरुअनंतपुरम में काम करने लगी और थाईलैंड का दौरा भी किया। एक बार मैं 'ज्वालामुखी' पहुँची, तो हर किसी ने अम्मू की शिकायत की। उन्होंने कहा कि वह सबके लिए सिरदर्द बन गई है। वह हमेशा अपनी टोपी के एक कोने में उस्तरा छिपाकर रखती है। वह स्वभाव से ही थोड़ी खूंख्वार है। यह सब दस सितम्बर को हुआ। अगर मैं, शारदा या ललिता आराम से कोई बात समझाते, तो वह पूरा ध्यान देती। मुझे उसे कभी डपटना नहीं पड़ा। मुझे देखते ही वह अच्छी बच्ची बन जाती। मुझे लगा कि शायद वो मेरी ढील का फायदा उठा रही थी। इसलिए उस दिन मैंने उसे खूब खरी-खोटी सुनाई—तुम्हारी मुश्किल क्या है? ''यहाँ से दफा हो जाओ और दोबारा अपनी शक्ल मत दिखाना।'' मैंने थोड़ा रूखेपन से कहा।

उसने सट से जवाब दिया—

''नहीं नलिनी चेच्ची! आज के बाद तुम मुझे दोबारा नहीं देखोगी।'' जाने उसने किस अशुभ घड़ी में ये बात कही थी?

वो अटारी में रहती थी। उस दिन जो कपड़े पहन रखे थे, बस उन्हीं में वहाँ से चली गई। आमतौर पर वह अपना तौलिया और बाकी सामान साथ ले जाती थी। इस बार ऐसा नहीं हुआ। उसी रात वह मर गई। मैं उसी जगह के पास रेलवे स्टेशन पर थी। वैसे मैं मालाबार एक्सप्रेस या गुरुवायूर एक्सप्रेस से जाती थी, पर उस दिन मैंने अमृता एक्सप्रेस से जाने का फैसला किया और आधी रात तक उसका इंतज़ार किया। यह कुछ ऐसा ही था मानो किसी ने मुझे जबरन वहाँ रोक लिया था। मैं अमृता से लौट गई, हालांकि मैं उस रात की दुर्घटना से अनजान थी।

पुलिस का कहना था कि वह उनसे बचकर भागते समय गाड़ी की चपेट में आ गई। वह कोरा झूठ था। वो तो कभी गुंडों से भी बचकर न भागती, उस्तरे से उनका सामना करती। उस दिन तीन लोग उसे एक ऑटो में ले गए थे। कुछ गवाह भी मौजूद थे, जिन्होंने उसे रोते-चिल्लाते देखा था। उन सब सबूतों के बावजूद यह सब काफी रहस्यमय था। पुलिस बार-बार यही कहती रही कि वह उनसे बचकर भागने

के चक्कर में मारी गई। वैसे सभी जानते हैं कि पुलिस कभी अपने सिर नाम नहीं लेती।

लाश पर तलवारों के निशान थे। मौत के मामले में थोड़ी-बहुत पूछताछ हुई। अखबारवाले खोजबीन को आगे नहीं बढ़ाना चाहते थे। श्रीनिवासन और गोपीनाथन नाम के दो पत्रकारों ने स्थानीय चैनल के लिए एक डॉक्यूमेंट्री भी बनाई। उसे दिखाया भी गया, पर कुछ नहीं हुआ, क्योंकि मरने वाली एक सैक्स वर्कर थी।

अम्मू ने हमें बताया था कि जब वह काफी छोटी थी, तभी उसकी माँ चल बसी थी। सौतेली माँ के जुल्मों से तंग आकर ही उसे घर छोड़ना पड़ा। जिन रिश्तेदारों से काफी लंबे समय से उसका कोई वास्ता नहीं था, वे वायानाड़ से आए और पुलिस से कहा कि उन्हें कोई शिकायत नहीं है। इस तरह सारी तलाश वहीं रोक दी गई। उनके पास कानूनी कार्यवाही जारी रखने के लायक न तो पैसा था और न ही हैसियत।

इसी तजुर्बे ने मुझे सिखाया कि एक सैक्स वर्कर अपनी ज़िंदगी में कितनी लाचार होती है? उसने मुझे पहले कई बार कहा था कि उसकी हत्या हो सकती है। कई लोगों ने उसे मौत से ठीक पहले देखा भी था। इन सब ताकतवर सबूतों के बावजूद अम्मू के कत्ल को रिकार्ड से ही मिटा दिया गया। कहा गया कि कोई सबूत नहीं था। इसमें कोई शक नहीं कि इन सबके पीछे किसी माफिया का हाथ था।

अम्मू ने सरदार सरोवर बाँध के खिलाफ मेधा पाटकर के आंदोलन में भी हिस्सा लिया था। वह और त्रिश्शूर की सैक्स वर्कर ऊषा, दोनों उन पच्चीस सदस्यों के दल में से थे, जो जुलूस में हिस्सा लेने दिल्ली गया था। वह दल दिल्ली से नर्मदा गया और वहाँ आंदोलन में हिस्सा लिया। अम्मू ने वहाँ संघर्ष कर रहे आदिवासियों के साथ जो समय बिताया, उसके बारे में वो मुझे बता चुकी थी। मुझे याद नहीं आ रहा लेकिन वह सब काफी तकलीफदेह था। दिल्ली में उन्होंने महाराष्ट्र के मुख्यमंत्री का घेराव किया और गिरफ्तार हो गए। रात को ज़मानत होने के बाद उन्हें विवेकानंद हॉल में रखा गया।

सुबह एन.जी.ओ. 'सेवा' की एक औरत ने देखा कि उसका बटुआ गायब था। उसे लगा कि अम्मू और ऊषा ने ही उसका बटुआ चुराया है। कुछ लोगों ने कहा कि उनकी तलाशी लेनी चाहिए। कुछ लोगों की ज़िद थी कि तलाशी लेनी है, तो सबकी ली जाए। आखिर में सबके सामान की तलाशी ली गई पर कुछ नहीं मिला। मैंने भी अपने तजुर्बे से सीखा है कि इस तरह की सोच से ही एक तरह का अछूतपन फैलता है और तब एक आम आदमी और एक्टिविस्ट में बहुत ही कम फ़र्क रह जाता है। ऐसे में प्रगतिशील कहलाने वाली औरतें ही सबसे बुरा बर्ताव करती हैं।

महिला मित्र

अपने साथ काम करने वाली सबीरा को याद करके आज भी मैं जोश से भर जाती हूँ। एरनाकुलम के सेमीनार में उसने यादगार प्रदर्शन किया। उस मौके पर बोलने वाले ज़्यादातर लोग कानूनी दाँव-पेंच जानने वाले थे। राज्य व राष्ट्रीय महिला कमीशन की अध्यक्षाएँ; सुगाता कुमारी और मोहिनी गिरि भी वहाँ आई हुई थीं। हालांकि सबीरा और दूसरी सैक्स वर्कर वहाँ हिस्सा लेने गईं, लेकिन उन्हें हिस्सा नहीं लेने दिया गया, क्योंकि उन्होंने पहले से रजिस्ट्रेशन नहीं कराया था। उन्होंने मोहिनी गिरि तक पहुँचने की कोशिश की। मुद्दे को सुगाता कुमारी ने उठाया।

मोहिनी गिरि ने सभी देखने वालों को अचंभे में डालते हुए सबके बीच कहा कि वहाँ आई हुई सैक्स वर्कर सेमीनार की शुरुआत करें। सरोजिनी ने मंच पर दीप जलाया। जब मोहिनी ने किसी एक से बोलने को कहा, तो सबीरा मंच पर गई। वह पहली बार मंच से बोल रही थी, लेकिन उसने हमारी ज़िंदगी के हालात और हक़्क़ों के बारे में अच्छी तरह बोला। लेकिन उसने आखिर में जो कुछ कहा, उसकी तो हमने उम्मीद भी नहीं की थी। उसने हरेक से मदद माँगते हुए अपनी बात खत्म की। जब वह बाहर आई, तो उसने बताया कि मंच पर साथ बैठीं जस्टिस जानकी अम्मा ने विनती की थी कि वह ऐसा करे। आखिर वे एक बड़ी आयु की महिला थीं। सबीरा ने सोचा होगा कि हमें उनकी बात का मान रखना चाहिए।

इसके बाद सबीरा कोझीकोड में पकड़ी गई और उसे बुरी तरह पीटा गया। उसे शाम को पकड़ा गया और सारी रात सताया गया। उसकी छातियों में पस पड़ गई। इलाज के लिए मेडिकल कॉलेज में आपरेशन कराना पड़ा। इस घटना के बाद सैक्स वर्करों ने खुले आम विरोध प्रदर्शन किया। नतीजतन मानव अधिकार आयोग ने इस बारे में जांच की।

अक्टूबर 2004 में सबीरा चल बसी। उसकी जुदाई ने हम सबको गहरे दुख में डुबो दिया। कन्नूर की 'स्नेहाश्रय' नाम की संस्था में उसकी मौत हुई। इससे पहले कि उसकी लाश को लावारिस समझकर दफना दिया जाता, हमने मिलकर चंदा इकट्ठा किया और उसकी लाश को कोझीकोड लाए। वहाँ हमने धार्मिक रीति— रिवाज़ से उसे दफनाया।

कई लोगों के बिछुड़ने से दर्दनाक यादें जुड़ी हैं। तंकामणि और रमानी उन दोनों ने ही अपनी जानें ले लीं। कुछ दिन पहले ही हम लोगों में झगड़ा हुआ था। रमानी को कोलकाता के सैक्सवर्करों की एक कांफ्रेंस में केरल की ओर से रहनुमाई के लिए बुलाया गया था। किसी वजह से उन्होंने उसे मना कर दिया और मुझे न्यौता भेजा। हम केरल पहुँचने तक आपस में झगड़ते रहे। मैं और तंकामणि एक ओर थे और

रमानी दूसरी ओर। हम आपस में इतना लड़े कि बाकी यात्री परेशान हो गए। कुछ दिन पहले ही वह टंटा खत्म हुआ था। कुछ ही महीनों में उन दोनों ने आत्महत्या कर ली। घर-परिवार में होने वाले क्लेशों ने ही उनकी जान ले ली।

उन दिनों ऊषा, त्रेसीअम्मा और शशिकला वगैरह त्रिश्शूर की संस्था में काम कर रही थीं। धीरे-धीरे हम एरनाकुलभ और तिरुअनंतपुरम में भी काम करने लगे। मैत्रेयन और जयश्री की मदद से हम पूरे देश का ध्यान अपनी ओर खींच सके। तिरुअनंतपुरम के पहले कार्यक्रम से कई विवाद उठ खड़े हुए। इसके बाद हम कई रुकावटों को पार करते हुए एरनाकुलम में नेशनल कांफ्रेंस करने में सफल रहे। उस कांफ्रेंस में सैक्स वर्कर के लिए कम-से-कम सौ रुपये दिहाड़ी, मकान बनाने के लिए छूट, राशन और मुफ्त इलाज जैसी माँगें रखी गई थी। इस काम में सरोजिनी, चंद्रिका, लीला, त्रेसीअम्मा, सौदामिनी, मौली, ललिता, लक्ष्मी, जमीला, तंकामणि और शशिकला वगैरह सभी शामिल थीं। इनमें से ज्यादातर को पुलिस के वहशीपन का शिकार होना पड़ा, पिटाई झेलनी पड़ी। इस दौर में हमने काफी हद तक पुलिस और गुंडों की दरिंदगी से छुटकारा पा लिया था, यह बहुत बड़ी बात थी।

एक नई सैक्स वर्कर सिनी, सचमुच बहुत अच्छी इंसान थी। उसने मुझे मेरी डॉक्यूमेंट्री बनाने में काफी मदद की। हमने हाल ही में शांताकुमार का लिखा नाटक *वन नाइट डार्लिंग्स* (एक रात की रानियां) खेला, उसने उसमें एक गर्भवती सैक्स वर्कर का काम किया। नाटक के आखिर में सैक्स वर्कर फैसला करती है कि अगर उसकी होने वाली औलाद लड़का हुआ, तो उसे पालेगी और लड़की हुई, तो उसे जान से मार देगी। सिनी उन दिनों सचमुच पेट से थी। बच्चा उस ग्राहक से था, जिसे वो बहुत चाहती थी। उसने बड़ी खूबसूरती से किरदार निभाया। अब वह मशहूर नाटककार पी.एम. एंथोनी के ड्रामा ट्रूप से जुड़ी हुई है। मई 2005 में उसने उसी मंडली के एक युवक से शादी कर ली। वह आने वाले समय में थियेटर की दुनिया का हिस्सा बनने की कोशिश में है।

लेकिन कोई भी एरनाकुलम की लिज़ी का मुकाबला नहीं कर सकता। रेलवे स्टेशन उसे बहुत पसंद था। वह हमेशा अपने पास पिसी लाल मिर्ची या चाकू रखती थी। उसकी चाल यही होती थी कि पुलिस को लालमिर्ची का मज़ा चखाया जाए। एक बार जब दो औरतों को पकड़ लिया गया, तो वह दनदनाती हुई थाने जा पहुँची। उसके पास अपने हथियार भी थे। थोड़ी कड़ी बोली बोलकर ही वह उन्हें छुड़ा लाई। ज़बरदस्त लोग भी उससे उलझने से पहले दो बार सोचते। एक बार उसने थाने की छत की ईंटें उखाड़कर पाँच औरतों को बचाया था। वो बच गईं, पर लिज़ी

पकड़ी गई। कई मौकों पर पुलिस ने उसे बुरी तरह पीटा। वह हमारी संस्था में हमेशा बढ़-चढ़कर हिस्सा लेती।

अनु नाम की सैक्स वर्कर ने काफी अलग तरीके से मेरा ध्यान खींचा। हम दोनों तभी से सहेलियाँ थीं, जब हम एक साथ मिट्टी खदान में काम करती थीं। वह किसी से प्यार करती थी, पर उसका परिवार चाहता था कि वह कहीं और शादी करे। उसके पति को इस बात से बेहद चिढ़ थी कि वह काला था और अनु का रंग गोरा था। उनके यहाँ पैदा होने वाले बच्चे भी गोरे थे। बस इसी बात पर क्लेश और मार-पिटाई होने लगी। आखिर में अनु ने अपने बच्चे लिए और एक आदमी के साथ घर से निकल आई। उसने बच्चों को अनाथालय में रखा और खुद एक सैक्स वर्कर बन गई। जब थोड़े पैसे हाथ में आ गए, तो वह उन्हें वापस ले आई।

इसी दौरान पति का पूरा परिवार फ़ाकों में घिर गया और उसी के सहारे पेट भरने लगा। पति की दूसरी बीवी, उसके बड़े और छोटे भाइयों की बीवियाँ और दो बहनें, सब अनु के साथ रहने आ गए। अब वे सब मिलकर एक कंपनी हाउस की तरह रहते हैं। उन्होंने यहाँ-वहाँ जाने के लिए एक मारुति गाड़ी भी रख ली है। वे सभी सैक्स वर्क करते हैं। बच्चे बड़े हुए, तो इज़्ज़तदार घरों में उनके ब्याह हो गए। पति को बच्चों के पिता की जगह लेने के लिए न्यौता भेजा गया, पर उसने आने से इंकार कर दिया।

जेल की सलाखें

हालांकि पहले-पहल लोग हमें मज़ाक में 'ज्वालामुखी' कहते थे, लेकिन बाद में यही हमारे आत्मविश्वास की पहचान बन गया। कई जगह मैंने खुद देखा कि पुलिसवाले इसका नाम लेते ही काँपने लगते थे। एक बार गुरुवायूर में बारह सैक्स वर्करों को सब-इंस्पेक्टर बीजू नारायणन और उसके दल ने पकड़ लिया। वे सब एच.आई.वी. टेस्ट कराने जा रही थीं और बस के इंतज़ार में खड़ी थीं। मुझे पता चला, तो मैं थाने पहुँची। उसने मुझसे पूछा कि सैक्स वर्क करने वालों को एच.आई. वी. टेस्ट कराने की क्या ज़रूरत है? जब काफी गर्मागर्मी होने लगी, तो वह मुझे ठोकर मारने के लिए लपका। तभी एक पुलिसवाला भागता हुआ आया और उसके कान में फुसफुसाया कि मैं एक 'ज्वालामुखी' हूं। सब-इंस्पेक्टर मन-ही-मन बुदबुदाया और सबको छोड़ दिया। यह सारा कमाल पाँच मिनट में हुआ।

जब 'ज्वालामुखी' की कार्यवाहियाँ तेज़ी पर थीं, मुझे जेल हो गई। उन दिनों गुरुवायूर में बहुत छापे पड़ रहे थे। सब-इंस्पेक्टर नारायण कुट्टी सैक्स वर्करों के मामले में काफी सख्त था। अक्सर वो सादे कपड़ों में होता। मैं उसे चेहरे से

पहचानती थी। एक दिन मैं बस स्टाप पर खड़ी थी, तो वह मेरे पास मुफ़्ती में आया और पाँच सौ रुपये पर सौदा पटाते हुए पूछा कि क्या मैं उसके साथ जाऊँगी ? मैंने पूछा कि मुझे कहाँ मिलना होगा ? उसने मुझे जगह बताई। मैंने कहा—ठीक है, तुम चलो, मैं अभी वहाँ आती हूँ। ज्यों ही त्रिशशूर की बस आई, मैं लपककर चढ़ गई और जान बचाई।

लेकिन एक बार मैं पुलिस के शिकंजे में फँस ही गई। पुलिसवाले ने पूछा कि मैं गुरुवायूर में किससे मिलने आई थी ? मैंने जवाब दिया—'एस.आई.नारायणन कुट्टी, 'सार' उसे तो सुनकर ही चक्कर आ गया।'उस दिन 'सर' ने मुझे पाँच सौ रुपये दिए थे। तब मैं नहीं आ सकी, इसलिए आज आई हूँ।' मैंने अपना दिमाग ठण्डा रखा और लगातार यही कहती रही। उसने मुझे अदालत में भेज दिया। मैंने उम्मीद की थी कि अदालत वैसी ही होगी, जैसी आमतौर पर फिल्मों में दिखाते हैं। वकील यहाँ-वहाँ चहलकदमी करते हुए बहस कर रहे होंगे, लेकिन वहाँ तो ऐसा कुछ भी नहीं था। किसी ने भी मुझसे कुछ नहीं पूछा और मुझे जेल भेज दिया गया। वियूर जेल के जेलर ने मुझे देखते ही पूछा—''अच्छा ! तुम ज्वालामुखी नेता हो।'' मेरे साथ वैसा बुरा बरताव नहीं किया गया, जैसा कि मेरी सहेलियों के साथ होता था। मैं कह सकती हूँ कि मुझे खास लोगों की तरह रखा गया। शाम को उन्होंने मुझे वीडियो फिल्म देखने के लिए बुलवाया, जिसे वे उधार पर लाए थे। मैं वहाँ तीन दिन पूरी तरह सही-सलामत रही। चौथे दिन पॉलसन और दूसरे लोगों ने मुझे ज़मानत पर छुड़ा लिया।

जयश्री

'विशु' से एक दिन पहले की बात है। 'विशु' केरल में हिंदुओं के खास त्यौहारों में से एक है। यह अप्रैल में मनाया जाता है। जयश्री ने मुझे उड़ीसा की वंदना से मिलवाया और कहा कि मैं ज्वालामुखी के लिए काम करती हूँ, लेकिन ज्यादा बोलती नहीं हूँ। यह काफी पहले की बात है, जब मैं सब लोगों के सामने बोलती नहीं थी। पहली बार हमने एक साथ खाना खाया। आमतौर पर हम लोग अलग-अलग ही बैठते थे। जयश्री के साथ हम एक ही मेज़ पर बैठे। मैं अब भी थोड़े असमंजस में थी। आमतौर पर पी.एस.एच. योजना की कुछ औरतें मक्खनबाज़ी के लिए ऐसा खेल रचती थीं।

मैं त्रिशूर के सेमीनार में जयश्री के काफी करीब आई। मैं देख सकती थी कि उसे सैक्स वर्करों के साथ काम करने से चिढ़ नहीं थी। इसके बाद हम एक मीटिंग के लिए चेन्नई गए और वहाँ 'इंडियन सैक्स वर्क्स फोरम' नाम से संस्था बनाई। जो भी फैसले लिये गए, उन्हें तमिल में अनुवाद कर सुनाया गया। मैं कई जगह उनकी

बातों से राज़ी नहीं थी, मुझे लग रहा था कि सैक्स वर्करों को पूरी अहमियत नहीं दी जा रही थी। मैंने अपनी बात कह दी। जयश्री ने मुझे स्टेज़ पर जाकर अपनी बात कहने को कहा। हालांकि मैं स्टेज़ से डरती नहीं थी, लेकिन अब भी थोड़ी हिचकिचाहट बाकी थी। जब मैंने कहा कि सैक्स फोरम में सैक्स वर्करों को पूरी अहमियत नहीं दी जा रही है। तो सभी सुननेवाले पूरे जोश से तालियाँ बजाने लगे। जयश्री भी काफी खुश हुई। उसके बाद वह जहाँ भी जाती, मैं उसका साथ देती। हम दोनों संस्था के काम से कोलकाता भी गए। हमें इस बात पर बड़ा गर्व महसूस होता था कि हमारे साथ जयश्री जैसी समझदार डॉक्टर थी।

जब कोलकाता के सैक्स वर्क्स फोरम ने तीन मार्च को 'इंडियन सैक्स वर्क्स डे' के तौर पर मनाया, तो हम दोबारा कोलकाता गए। वहाँ हर कोई अपनी-अपनी तकलीफों और शिकायतों का रोना रो रहा था। मैंने कुछ नई बातें सामने रखीं और बहस करने की कोशिश की कि सैक्स वर्कर दूसरी औरतों से थोड़ी अलग होती हैं। जब पूछा गया कि कैसे अलग होती हैं तो मैंने चार कारण बताए। हम अपनी मर्ज़ी की मालिक होती हैं। हमें खाना बनाकर पति का इंतज़ार नहीं करना पड़ता। हमें उनके मैले कपड़े नहीं धोने पड़ते। हमें अपने बच्चों को अपने हिसाब से पालने के लिए आदमी की इजाज़त नहीं लेनी पड़ती। हमें बच्चे पालने के लिए आदमी की जायदाद पर दावा नहीं करना पड़ता। उन पाँच मिनटों में अपनी तकलीफों की बात करके घर लौटने की बजाय ऐसी बातें कहना कहीं बेहतर था।

जयश्री ने जहाँ भी हमारे लिए आवाज़ उठाई, उसे अपनी सहेलियों सहित कई लोगों के सवालों का सामना करना पड़ा। वे उससे पूछते कि वह तो सैक्स वर्कर नहीं है फिर सैक्स वर्कर्स के पचड़े में क्यों पड़ती है? ऐसे मौकों पर वह मुझे बोलने का हौसला देती। इस तरह मुझे सही तरह से अपनी बात रखना आ गया।

जयश्री की दोस्ती का दायरा काफी बड़ा था। हममें से कई लोग ज़्यादा साफ़-सुथरे नहीं रहते। अक्सर अम्मू जैसे लोगों के पास आते ही लोग उससे बचने लगते। लेकिन जयश्री ने ऐसा कभी नहीं किया। उसका मानना था कि हर रोज़ नहाना ज़रूरी नहीं है। जयश्री ने न सिर्फ़ संस्था बनाने में हमारा साथ दिया, बल्कि वो हमारे साथ ज़िंदगी भी बाँटती है। पॉलसन और मैत्रेयन भी ऐसे ही हैं, लेकिन एक औरत यह सब करने को तैयार हुई, इसी बात ने हमारे दिलों को छू लिया।

थाईलैंड यात्रा

चार साल तक मैंने लगातार कई यात्राएँ कीं। अपनी पहली डॉक्यूमेंट्री (वृत्तचित्र) पर काम करने के बाद मैं उसे दिखाने के लिए जयश्री और रेशमा भारद्वाज के साथ

थाईलैंड गई। जयश्री इस बात का ध्यान रखती कि मैं जो भी कहूँ, वह पूरी ईमानदारी से उन लोगों तक पहुँचे।

मैं जयश्री के साथ मुंबई, चेन्नई, व आंध्रप्रदेश भी गई। हम दोनों एक साथ चार बार कोलकाता गए। वंदना से जयश्री की दोस्ती की वजह से ही हम पहली बार थाईलैंड जा सके। मैंने एक ट्रेनिंग कार्यक्रम में हिस्सा लिया। वहाँ सैक्स वर्करों को ऐसे हुनर सिखाए जाते थे, जिनसे वे स्वयं ही अपनी तकलीफों से छुटकारा पा सकें। लेकिन इसके लिए कोलकाता वालों को पहले मौका दिया गया। उनकी संस्था में करीब पैंसठ हज़ार लोग हैं।

पहली यात्रा में पॉलसन और ललिता मेरे साथ थे। यह एक 'मीडिया और सामाजिक वर्कशाप' थी। जिसे ग्लोबल एलायंस ने औरतों की सौदेबाज़ी के खिलाफ आयोजित किया था। पासपोर्ट लेने के साथ ही परेशानियाँ शुरू हो गईं। मैंने सोचा कि पासपोर्ट ऑफिस में जाकर अपना नाम और जन्म की तारीख़ बताना काफी होगा।

लेकिन वहाँ मुझे बताया गया कि मुझे एक राशन कार्ड की ज़रूरत पड़ेगी। जब मेरी शादी हुई, तो पिताजी ने सबसे पहले मेरा नाम राशन कार्ड से हटवा दिया था। वे जानते थे कि ऐसा करना कितना ज़रूरी था। मैंने यही सोचा, ''चलो! अब उन्हें मेरे हिस्से का राशन नहीं मिलेगा, और क्या''! मुझे एहसास तक नहीं हुआ कि इससे मेरी पहचान ही खो गई थी। हालांकि अपनी बात पर डटे रहने से मुझे पासपोर्ट मिल गया।

मैं उस उड़ान के बारे में सोच-सोच कर काफी उमंग में थी। मेरी बड़ी तमन्ना थी कि मैं कभी हवाई जहाज़ में बैठूँ। मैत्रेयन ने मुझे टिकटें दीं और मैं जहाज़ में बैठ गई। उस समय मेरे मन में एक बार भी ख्याल नहीं आया कि मैं कहीं कैमरा चलाना सीखने जा रही थी। मैं तो बस यही सोच रही थी कि मैं जहाज़ में बैठी किसी दूर अनजानी जगह जा रही थी। मैं उस समय एक अलग ही दुनिया में थी। मेरा हर कदम मुझे सपनों की दुनिया की ओर ले जा रहा था।

जब मैं वहाँ पहुँची तो कैमरा भी एक हैरतअंगेज़ कारनामा बन गया। आपको मेरी शुरुआती कक्षाओं वाली कैसेट्स देखनी चाहिए। ये सचमुच काफी मज़ेदार हैं—मैं सामने खड़े आदमी की तस्वीर तक नहीं ले पाती थी और बाद में मैंने पूरे देश की तस्वीरें अपने कैमरे में लीं। कैमरा इस्तेमाल करना सीखने के बाद हमने तीन-तीन मिनट की फिल्म अपने-आप तैयार की। यह ज़रूरी था कि सबके पास नया व अनोखा विचार हो।

मेरी फिल्म में तीन खास चरित्र थे—एक अमीर युवक, एक खानदानी महिला और मैं। मैं और वह महिला, अपने-अपने तरीके से उस युवक से मदद माँग रही

हैं। मैं भिखारी की तरह माँगती हूँ, वह मेरे हाथ में खुले पैसे रख देता है। दूसरी महिला यह कहकर पैसे माँगती है कि उसका पर्स कहीं खो गया है। युवक उसके हाथ में डालर थमा देता है। कहते नहीं हैं कि आदमी हमेशा उसी औरत पर पैसा खर्च करता है, जिसे वह चाहता है। खैर, यहाँ मैं एक सुंदर औरत के रोल में हूँ लेकिन उसका रवैया भी काफी खूबसूरत है। जब मैंने इसी थीम को फिल्म में पेश किया, तो उस रोमांच को शब्दों में नहीं बताया जा सकता।

भारत के अलावा वहाँ कंबोडिया, नेपाल, बंगला देश व दूसरे देशों के लोग भी आए हुए थे। मलेशियाई पति—पत्नी सैक्स वर्कर को कैमरा इस्तेमाल करना सिखा रहे थे। वही कार्यक्रम के इंचार्ज भी थे। पहले कुछ दिन तो आपसी बातचीत में बीते। फिर हमें सात दिन तक कैमरा इस्तेमाल करना सिखाया गया। हमें कार्यक्रम के आखिर में वीडियो कैमरे भी दिए गए।

सन् 2004 में, मैं तीसरी बार थाईलैंड गई। इस बार जयंती मेरे साथ थी। मैं वहाँ दूसरी डॉक्यूमेंट्री दिखाने व चर्चा में हिस्सा लेने गई थी। तब मेरे और आयोजकों के बीच कुछ मनमुटाव हो गया। वे चाहते थे कि पुलिस के जुल्मों पर कुछ काम करूँ। मुझे लगा कि पुलिस के नकारात्मक रवैये को दिखाना ज्यादा ज़रूरी था। जयंती ने मेरी बात को उन तक पहुँचा दिया। मैं नहीं चाहती थी कि वे मेरे काम में दखलंदाज़ी करें। मैंने साफ-साफ कह दिया कि अगर वो मुझे मेरे तरीके से काम नहीं करने देंगे, तो मुझे उनका कैमरा या पैसा नहीं चाहिए। हालांकि वे राज़ी नहीं थे, लेकिन फिर भी उन्होंने इसकी इजाज़त दे दी।

इस यात्रा में कुछ अलग ही तजुर्बे हुए, जो अपने-आप में काफी नए थे। जयंती की एक सहेली, मलयाली लड़की वहाँ रहती थी। वह हर रोज़ हमें अपनी गाड़ी में घुमाने और खरीदारी कराने ले जाती। वो एक आम घरेलू औरत थी। उसे इस बात का बड़ा मान था कि एक मलयाली औरत, जो कि एक सैक्स वर्कर भी है, उसने एक डॉक्यूमेंट्री बनाई है। मैं उसके अपनेपन को भुला नहीं पाऊँगी। वहाँ सभी फिल्मों में से मेरी फिल्म को सबसे ज़्यादा सराहा गया। जब हम आने लगे, तो वह अपने पति के साथ हमें एयरपोर्ट तक छोड़ने आई। मेरे लिए यह एक बहुत बड़ी बात थी।

पॉलसन राफेल और मैत्रेयन

पॉलसन और मैत्रेयन के काम करने के तरीके बिल्कुल अलग-अलग थे। अगर पॉलसन साथ होता, वह आपको राय देता कि इसे ऐसे कहो, यह काम वैसे करो, तो ज्यादा असर पड़ेगा। इसके उलट, मैत्रेयन हमारी हर बात का पूरा मज़ा लेता और हमें अपनी मर्ज़ी से कुछ भी कहने देता। इस तरह हमने धीरे-धीरे बेवकूफों जैसी बातें

करना छोड़ दिया। लेकिन तब तक हमें कुछ भी बोलने पर पाबंदी नहीं थी। हम किसी भी मुद्दे पर खुलकर बोल सकते थे। इस तरह हमें अपनी बातों और कामों की अच्छाइयों व भूलों का पता लगाने का मौका भी मिला।

पॉलसन हर मामले में अपनी राय देता और हमें हमारी गलतियों के लिए रोकता। वह चाहता था कि हम जो भी तय करें, उस मंज़िल तक पहुँच पाएँ। वहाँ समझौते का कोई सवाल ही नहीं था। मैत्रेयन ऐसा नहीं था। अगर कुछ उम्मीद के हिसाब से न होता, तो भी वह शांत रहता। उसका मानना था कि कभी-कभी चुप रहने में भी भलाई होती है। हालांकि उन दोनों के तरीके अलग-अलग थे, लेकिन उन दोनों ने मेरे आत्मविश्वास को बढ़ाने में काफी मदद की।

जब मुझे घर बदलना होता या मैं कहीं बाहर जाती, तो मेरी बेटी मैत्रेयन या जयश्री के यहाँ ही रुकती। मैत्रेयन के साथ होने का मतलब था कि हमें किसी के भी साथ बुरा बर्ताव नहीं करना और सबको अपने जैसा मानना है। पॉलसन ऐसा नहीं था। आपको उसके साथ ज्यादा संभलकर चलने की ज़रूरत नहीं थी। आप किसी से भी, कोई भी बात मुँह पर कह सकते थे।

पॉलसन का मेरी ज़िंदगी में खास दखल रहा। जब मुझे थाईलैंड जाने का मौका मिला, तो हमारे ऑफिस में किसी ने जान-बूझ कर अड़ंगा डालने की कोशिश की। दरअसल वो मेरी जगह जाना चाहता था। हालांकि वह पॉलसन के साथ काम करता था और अच्छा दोस्त था, लेकिन फिर भी पॉलसन ने मेरा साथ दिया। इस तरह मैं थाईलैंड जा पाई। दिल्ली में सोशल वर्क में मास्टरी की पढ़ाई करने के बाद वह सोनागाछी और कोलकाता में कई जगह गया। वहाँ उसे सैक्स वर्कर्स की संस्था का पता चला और इसी तजुर्बे ने उसे एहसास दिलाया कि वह हम लोगों का साथ देगा।

वह ऐसे-ऐसे मुद्दों पर हमारा साथ देता, जिनके बारे में किसी ने सोचा तक नहीं था। सारा काम करने के बाद अच्छे काम का सेहरा हमारे सिर बाँध देता। उसने कभी लोगों को यह बताने की कोशिश नहीं की कि उसने क्या किया है ?

मैत्रेयन किसी के भी सामने कुछ भी कहने से नहीं हिचकता था। एड्स प्रोजेक्ट पर सरकार के साथ कुछ मनमुटाव हुआ, तो स्वास्थ मंत्री पी. शंकरन के साथ हमारी कुछ कहा-सुनी हो गई। उन्होंने पूछा कि हम क्या कर रहे हैं ? तो मैत्रेयन ने झोले से शिशन का लकड़ी का मॉडल व कंडोम निकाला और उसे लगाने का तरीका दिखाते हुए कहा— ''हम लोगों को यह सिखा रहे हैं।''

मैत्रेयन ने खुलेआम कहा कि वह काम करना छोड़ रहा है जबकि पॉलसन इससे पहले ही चुपचाप अपना काम करने का क्षेत्र बदल चुका था। हमें उनसे जो सहारा और नेतृत्व मिला, उसे हम कभी नहीं भुला सकते। कई लोगों ने पूछा—

''अब सैक्स वर्करों का आंदोलन थम नहीं जाएगा ?'' हमारा यह संघर्ष कुछ लोगों के लिए शुरू नहीं हुआ था और न ही कुछ लोगों की गैरमौजूदगी इसे बंद कर सकती है। हमें और हमारी संस्था को कोई सहारा न देने वाले ही ऐसी बचकानी बातें करते हैं।

सुजाता व राज थॉमस

सुजाता ज्वालामुखी के पी.एस.एच. प्रोजेक्ट में पैसे का लेन-देन देखती थी। वह एक समाज सेविका भी थी। हालांकि उम्र में मुझसे छोटी थी, लेकिन इसके बावजूद उसने मुझे हमेशा सहारा और हौसला दिया। वह मुझे हमेशा आगे आकर बोलने की हिम्मत देती। उससे मेल-मुलाकात के बल पर ही मैं त्रिशशूर की विचार—गोष्ठी में अपना पर्चा पढ़ सकी। वह मुझे एक टीचर की तरह सब कुछ समझाती।

इसी प्रोजेक्ट पर काम करने वाले राज थॉमस ने भी मेरी काफी मदद की। उन्होंने ही मेरे यहाँ-वहाँ बिखरे विचारों का लेख बनाकर ज्वालामुखी के बुलेटिन में छापा। वे बड़े अच्छे लोकगीत गाते और नाटक बनाते। इसके अलावा वे एक अच्छे एक्टर भी थे और बहुत बढ़िया भाषण देते थे। उन्होंने मार्क्सवादी पार्टी के लिए भी काम किया। उन्होंने 'कुट्टप्पन सूक्शी' फिल्म में काम किया था। हालांकि देखने में इतने सुंदर नहीं थे, लेकिन फिर भी उनमें कई खूबियाँ थीं। रुपये-पैसे की दिक्कतों ने कभी उनका पीछा नहीं छोड़ा। मैं उनसे काफी जुड़ी हुई थी और हम किसी भी विषय पर बातचीत कर लेते। उन्होंने अपनी जान ले ली, हम जान ही नहीं सके कि उन्होंने ऐसा क्यों किया ? अदात में, घर के कुएँ में उनकी लाश मिली। अगर आज वे ज़िंदा होते, तो मुझे यह किताब लिखने में पूरी मदद करते। अब सुभाष और ज्योति कुमार मेरी मदद कर रहे हैं। वे दोनों एफ.आई.आर.एम. नामक संस्था के लिए काम करते हैं, मैं भी इस संस्था से जुड़ी हूँ।

मेरी बिटिया की शादी

मेरी पहली थाईलैंड यात्रा का मेरी बेटी पर काफी गहरा असर पड़ा। तब तक, वहाँ घर के माहौल में काफी कड़वाहट आ गई थी। वहाँ बहू को लगने लगा कि मैं काफी पैसे कमाकर अपनी बेटी को भेज रही हूँ और मेरी बेटी उन्हें खर्च नहीं करती। जब मैं बाहर गई, तो उसे शाहुलक्का के किसी रिश्तेदार के यहाँ छोड़ना पड़ा। जब मैं थाईलैंड से लौटी, तो टी.वी. पर सैक्स वर्कर के समारोह में हिस्सा लेने की ख़बर दिखाई जा रही थी। हालांकि मैं अपने काम का थोड़ा-बहुत अंदाजा तो दे चुकी थी, लेकिन अब तो यह बात खुलकर सबके सामने आ गई थी। जब मैं

प्रेस कांफ्रेंस खत्म कर घर लौटी, तो वे सब मुझे टी.वी. पर देख रहे थे। मेरी बेटी को यही चिंता सता रही थी कि वे लोग कैसे पेश आएंगे?

मैं उसे वहाँ से दोबारा सलामत नगर ले गई। मेरी बीमारी के बाद हम वहाँ कभी-कभार ही जाते थे। मैं जानती थी कि वहाँ टी.वी. नहीं था और पक्का पता था कि नया शब्द *लैंगिकतोझि लाली* (सैक्स वर्कर) लोगों को अटपटा लगता। लेकिन परेशानी यह थी कि पहले जो लोग मुझे बहन मानते थे, वही मेरे आशिक बनने की कोशिश करने लगे। यह साफ था कि मैं बेटी को कहीं छोड़कर काम पर नहीं जा सकती थी। मेरे सैक्स वर्क के साथ-साथ संस्था का काम भी रुक गया था। बड़े अजीब से हालात थे; हम नहीं जानते थे कि हमें कहाँ रहना है? तभी मेरे मन में एक बात आई : क्यों न ज़ीनत की शादी कर दूँ? हालांकि हम ज़्यादा पैसे वाले नहीं थे, लेकिन मुझे पूरी उम्मीद थी कि मुसलमान होने के नाते ही कोई ज़ीनत से ब्याह रचा लेगा।

सलामत नगर में ही हमें किसी ने रिश्ता भेजा। वे लोग माले द्वीप से थे। हम इस चक्कर में फँस गए। पासपोर्ट और माले की किसी मस्जिद के दस्तावेज़ों से लड़के के बारे में जानकारी दी गई। हालांकि हमें बाद में पता चला कि वह उन कागज़ातों में लिखी उम्र से दस साल बड़ा था।

मुझे इसी बात का डर सताने लगा था कि लोग मेरे सैक्स वर्क और संस्था के काम के बारे में जान गए हैं। इसलिए कोई भी उससे शादी को राज़ी नहीं होगा। इसी डर के मारे मैंने इस रिश्ते की हामी भर दी।

मेरी बेटी दिल-ही-दिल में अपने पापा को बहुत याद करती थी। वह उसे भूल नहीं पाई थी। हालांकि मैंने कभी उस पर दावा नहीं किया, लेकिन मुझे यह कहने की ज़रूरत भी नहीं पड़ी कि उसका कोई पिता नहीं है या उसने हमें छोड़ दिया है।

कई ऐसे हालात पैदा हुए, जहाँ सवाल उठता था— ''इसके पिता कहाँ हैं?'' मैं कहती कि मैं ही ज़ीनत की सब कुछ हूँ। अगर आप लोगों को मंजूर हो, तो हम बात आगे बढ़ाएँ। मैं उसे माले भेजने के लिए क्यों राज़ी हुई, इसकी भी एक वजह थी। दरअसल मैं अपने-आप को सैक्स वर्कर तो कह सकती थी, लेकिन मेरे लिए यह कहना काफी मुश्किल था कि ज़ीनत का कोई पिता नहीं है।

माले वाला लड़का इस बात को मान गया, तो मैंने अकेले ही शादी का सारा इंतज़ाम किया। मैंने कहा कि हम 'तान्नोलिइल निकाह' करेंगे। वैसे तो बाप या भाई ही निकाह (शादी) करवाता है। लेकिन ऐसा कोई रिश्तेदार न हो, तो औरत यह शादी करवा सकती है। सब यही सुनकर भावनाओं की रौ में बह गए। उन्होंने कहा—''उसके पिता पास ही तो हैं, तुम उन्हें क्यों नहीं बुलाती?'' मैंने भी

सोचा— हो सकता है कि मैं ज़ीनत पर अपनी मर्ज़ी थोप रही होऊँ। मैं अच्छी तरह शादी कर रही थी। वीडियो फिल्म भी बनवा रही थी, लेकिन मुझे लग रहा था कि अंदर-ही-अंदर वह बाप के लिए घुल रही थी। उसने मुझसे कुछ नहीं कहा। मैंने अपने-आप ही उसके बाप को तलाशा और हिना की रस्म से ठीक पहले वहाँ ला खड़ा किया। उसे लाने के लिए मुझे हिंदी फिल्मों की तरह जाल बिछाना पड़ा।

मेरी बेटी एक साल तक माले में रही और मैं सोचती रही कि वह किसी खास-खास मौके पर ही आ पाएगी। मैं अपनी संस्था के लिए तेज़ी से काम करने लगी, भाषण देने लगी। एक साल बाद मेरे सारे गणित को झूठा करके ज़ीनत लौट आई। उसने अपनी शादी और शौहर (पति) दोनों से ही मुंह मोड़ लिया था। वैसे तो लड़के का माले में दोमंज़िला मकान था। उसने वहाँ एक बेकरी खोली हुई थी। लेकन उसे अपने लिए बीवी नहीं, दुकान के लिए सेल्स गर्ल चाहिए थी। वहाँ उसे दिन रात काम में खटना पड़ा। न ढंग से खाने को मिलता था और न ही कोई आराम करने देता। माले में औरतों की हैसियत आदमियों से ऊँची मानी जाती है। इस आदमी का परिवार केरल से था, इसलिए उसके घर में उलटी गंगा बहती थी। वहाँ मर्दों की चलती थी। उसके लिए बीवी का मतलब था नौकरानी। वह उसे मायके भी नहीं आने देता था। आखिर में ज़ीनत ने बहाना बनाया और जान बचाकर भाग आई। वो लौटकर नहीं जाने वाली थी।

उसका लौटना मेरे लिए किसी चुनौती से कम नहीं था। उन दिनों मीडिया मेरी ओर काफी ध्यान दे रहा था। इसलिए लोग मुझे पहचानने लगे थे। मेरी बेटी के रहने का बंदोबस्त मुश्किल होता जा रहा था। सबसे पहले मैं मैत्रेयन के पास गई, लेकिन उसका घर हमेशा लोगों से भरा रहता। वो वहाँ ज्यादा दिन तक नहीं ठहर सकी। फिर उसके बाद एक से दूसरे घर का फेरा लगना शुरू हुआ। इंदिरा के घर सैक्स वर्करों के बच्चों के लिए बना घर चिल्ला, रेशमा, फिर मेरी भतीजी के घर।

दूसरा दौर तो सचमुच एक कोशिश ही थी, क्योंकि अब तो ज़ीनत की एक बार शादी भी हो चुकी थी। उसकी किसी के साथ भाग जाने की चिंता...। लोग हमेशा इसी बात से डरते थे और अब तो इसका डर और भी बढ़ गया था। कोई ऐसी जगह तलाशना तकरीबन नामुमकिन हो गया, जहाँ वह चैन से रह सके।

इससे ज़ीनत में कई सकारात्मक बदलाव आए। उसका डर तकरीबन मिट गया। वह प्रेस रिपोर्टरों का निडरता से सामना करने लगी और समारोहों में हिस्सा लेने लगी। उसकी अम्मा कुछ गलत कर रही है, इस सोच से बाहर निकलकर वह ऐसे लोगों के बीच थी, जो उसकी अम्मा को पहचान देते थे। उसने देखा कि नलिनी की बेटी को भी सबने कैसे अपना लिया। इससे उसका आत्मविश्वास चौगुना हो

गया। इससे पहले वह जब भी किसी परेशानी में घिरती, तो दुनिया की ओर से आँखें मूँद लेती। उसने कोलकाता के सैक्स वर्करों से मिलकर भी बहुत कुछ सीखा।

बंगलादेश कालोनी में

मैं कोझीकोड में एक मीटिंग में हिस्सा लेने गई और वहीं बसने का फैसला कर लिया। मैंने 2004 में शांतिनगर की बंगलादेश कालोनी में घर ले लिया। ज़ीनत अपनी सहेलियों के साथ लोगों के घर जाकर माल बेचने वाली सेल्स गर्ल का काम करने लगी। चाहे थोड़ा ही क्यों न हो, वह अपने बूते पर कुछ कमाना चाहती थी।

एक ऑटो रिक्शा चलाने वाला लड़का सुधीर उसे काफी चाहता था। उसने शादी का पैगाम भेजा। उस समय ज़ीनत के मन की हालत ठीक नहीं थी। उसे लगता था कि अपने देश में किसी से शादी करने का मतलब था, उसकी गुलामी करना। इसलिए पहले तो उसने इन्कार कर दिया, लेकिन जब उसे पता चला कि सुधीर मेरे बारे में और उसकी पहली शादी के बारे में सब जानने के बाद ही शादी करना चाहता था, तो वह मान गई। बंगलादेश कालोनी में भी वह सैक्स वर्करों के बच्चों के साथ रहती थी। यहाँ भी नलिनी की बेटी होने के नाते उसे सबने अपना लिया। हमें अपना नाम या पहचान छिपाने की कोई ज़रूरत नहीं थी।

हालांकि थोड़ी—बहुत दिक्कतें आईं, लेकिन हमने उनसे पार पा ही लिया। ज़ीनत और सुधीर की शादी हुई, तो मुझे चैन आ गया। मेरा दामाद पढ़ा-लिखा है। वह मुझे अपना मानता है और समझता भी है। शादी के फौरन बाद उसने हमारे साथ एक ऐसे कार्यक्रम में हिस्सा लिया, जिसमें सैक्स वर्कर और हिजड़े भी शामिल थे। इससे मुझे बहुत खुशी मिली।

जिस लड़की की शादी टूट जाती है, उसे कुँआरी लड़की की तरह ही मुसीबतों का सामना करना पड़ता है। कोई भी उसे साथ नहीं रखना चाहता। जब ज़ीनत माले से लौट आई, तो मैं उसके साथ तिरुअनंतपुरम में किराए पर कमरा ले कर रही। अपनी शादी से अलग हो चुकी औरतों के बारे में आम लोगों की यही राय होती है कि वे हमेशा मर्दों का शिकार करने और उन्हें फँसाने के चक्कर में रहती हैं। सच कहूँ, हमने कोझीकोड इसलिए छोड़ा, क्योंकि वहाँ उसे घर में अकेला छोड़ना नामुमकिन हो गया था। चलो, इसी वजह से इसकी अच्छे घर में शादी हो गई। उसके बाद से सब कुछ ठीक-ठाक चल रहा है बस, और क्या कहूँ?

तिरुअनंतपुरम के लोग पुंथुरा भीमापल्ली इलाके को ऐसे देखते हैं, मानो वहाँ हमेशा खतरा मँडराता रहता है। इन दोनों इलाकों में समय-समय पर आपसी मारपीट भी होती रहती है। मैं वहाँ रह चुकी हूँ। मेरा तो यह मानना है कि वहाँ के लोग

दूसरे लोगों से कहीं बेहतर हैं। बंगलादेश कालोनी के लिए भी मैं यही कहूँगी। हालांकि इसे काफी बदनाम माना जाता है। इस इलाके के बच्चों को अच्छी नौकरियाँ नहीं मिलतीं, लोग उनसे अच्छी तरह पेश नहीं आते... अगर आप किसी को बता दें कि आप वहाँ से आए हैं, तो आपको नौकरों से भी बदतर माना जाता है। चूँकि हम लोग बिगड़ैल माने जाते हैं, इसलिए बाहरी लोग हमें परेशान नहीं करते और हम वहाँ रहने वाले सभी मिलकर बड़े प्यार से रहते हैं।

बंगलादेश कालोनी में एक *प्रोहिब्शन* कमेटी थी, जिसने कुछ समय तक दोपहर के खाने में चावल का दलिया मुफ्त बाँटना शुरू किया। मेरी उनसे कभी नहीं बनी। जानते हैं क्यों? मैं अच्छी तरह जानती थी कि बंगलादेश कालोनी में शराब नहीं बनती। वहाँ दो तरीके से शराब बेची जाती है। एक तरीका था कि पूरी रसीद के साथ थोक की दुकान से दो बोतल खरीदी जाएँ और उन्हें थोड़ा-थोड़ा करके बेचा जाए। इस तरह एक बोतल पर पचास रुपये का फायदा हो जाता था। कई छोटे परिवारों की गुज़र-बसर ऐसे ही होती थी। कई लोग एक दिन में दो बोतल बेच लेते। दूसरा तरीका था कि मंगलौर से नकली शराब खरीदकर लाई जाए और मिलिट्री की शराब बताकर बेची जाए।

लोग ऐसे इलाके में शराब की मनाही के लिए धरने देते व मीटिंग रखते। वहाँ उस इलाके में मनाही करने लायक कुछ था ही नहीं। क्या उन्हें थोक की दुकानों पर अपना ज़ोर नहीं दिखाना चाहिए? क्या उन्हें बार के लाइसेंस देने की मनाही नहीं करनी चाहिए? ऐसे इलाके में उनका क्या काम, जहाँ आदमी दिन में मुश्किल से चार बोतल शराब बेच पाता हो? मेरे पड़ोस के घर में मैंने वही शराब शादी में परोसते हुए देखी थी।

चावल का *दलिया* मुफ्त में देने का सवाल भी था। उसका आधा सरकार के पास और आधा प्रोहिब्शन कमेटी के पास जाता। एक दिन मेरे दामाद की माँ हमारे लिए दलिया लेने गई। उसने चार लोगों के लिए दलिया माँगा, जिनमें मैं भी शामिल थी। उन्होंने कहा—'हम नलिनी को नहीं दे सकते, क्योंकि वह यहाँ की रहने वाली नहीं है।' खैर! यह सच नहीं कि मैं बेसहारा थी, इसलिए मैंने वहाँ सिर छिपाने की जगह ली। यह कैसी सरकार है, जो कहती है कि मुझे दलिया नहीं दे सकती।

कुछ और नियम भी हैं; जैसे अगर आपको *दलिया* चाहिए, तो लाइन में आएँ, चाहे आप छोटे बच्चे ही क्यों न हों। वहाँ आपको दया भी नियमों-कानूनों के हिसाब से मिलती है। दान चाहने वाले घरों को नंबर मिलते हैं, उनके नंबर कागज़ पर लिखकर दीवार पर चिपकाए जाते हैं। फिर तीन-पाँच या सात लोगों के हिसाब से कार्ड बनता है। आपको वही कार्ड साथ ले जाना पड़ता है... मेरी बला से? क्या

कोई इस तरह भीख माँगने जाएगा ? वहाँ दालें भी ऐसी मिलती हैं, जिनमें न तो कोई ताकत होती है और न ही फायदा।

इसी कहानी का बेहतर हिस्सा तो बाद में सामने आया। वही लोग जो मुझे दलिया देने को तैयार नहीं थे; जिस दिन मैंने प्रोहिब्शन कमेटी की पहली फिल्म फिल्माई, उन्होंने इसरार करके मुझे दाल के बड़े और चटनी परोसी। उस दिन तो उनकी चापलूसी देखते ही बनती थी—

''लीजिए न मैडम, खाइए न।''

हम दलिये की बजाय चावल लेने से इनकार कर सकते थे, लेकिन वह दिखावा ही होता। यह कुछ ऐसा ही है कि आपने किसी से सुना कि कोई गाय को मार रहा है और आप बच्चे को मारने चल दिए। अगर वे लोग सचमुच लाचार न होते, तो उन्होंने अपने स्वाभिमान को ताक पर न रखा होता। जो दलिया करीब सौ लोगों को दिया जाता था, वह अब सिर्फ तीस लोगों को मिलता है।

हैरानी की बात है, लोगों को इस तरह भीख माँगने के मुकाबले सैक्स वर्क ज्यादा घिनौना लगता है। वे कहते हैं कि हम तुम्हें काम देंगे। वे हमें कौन-सा काम देने जा रहे हैं ? ऐसे वादे करने वाले वही होते हैं, जो लाइनों में खड़े स्वस्थ और पढ़े-लिखे लोगों तक को नौकरी नहीं दे पाते।

सैक्स वर्करों की बहाली के नाम पर यही सब होने जा रहा है। उन्हें किसी दूसरी जगह खदेड़कर भीख माँगने के लिए छोड़ दिया जाएगा; जैसे वे भिखारियों के साथ करते हैं। मर्दों, औरतों व बच्चों के लिए एक लम्बा शेड डाल देंगे। जब मानसून में हवा चलेगी, तो बेचारे सब भीगेंगे। गुरुवायूर में भी ऐसा ही एक शेड था। मैं भी वहाँ एक बार रही थी। ऐसा लगता था कि अलग-अलग जगह से लाए लोगों को कुत्ते के पिंजरे में बंद कर दिया गया हो।

जब बेघर लोगों ने मिलकर अपनी झोपड़ियाँ डाल लीं, तो बंगलादेश कालोनी बनी। वे ऐसे लोग थे, जिनके पास कमाई का कोई ज़रिया नहीं था। तब वे कुछ सैक्स वर्करों को अपने साथ रहने के लिए ले आए। सैक्स वर्कर रात को काम पर निकलते, तो ये लोग उनके बच्चे संभालते, कपड़े धोते और आराम करने की जगह देते। इस तरह यहाँ रहने वाले भी दो तरह के हैं—जो पहले आए, जिन्हें वहाँ लाया गया। फिर वहाँ सैक्स वर्करों ने मकान बनाए। बुहत कम ऐसे होंगे, जिन्होंने मकान खरीदे। इस तरह वह एक कालोनी बन गई।

अभी हाल ही में वहाँ 'हशीश' आई। जब उसे शहरों में बेचना मुश्किल हो गया, तो वह घरों से बिकने लगी। इस धन्धे में कुछ लोग काफी पैसेवाले हो गए और कुछ उसी तरह गरीबी के झूले में झूलते रहे। इससे अलगाव पैदा हुआ और

बंगलादेश कालोनी दो हिस्सों में बँट गई। जब 'चरस' में मिले ज़हर की वजह से सत्रह लोग मारे गए, तो मनमुटाव और भी बढ़ गया। दक्षिणी हिस्से में खुलेआम नशीली दवाएँ नहीं बिकतीं। जब मैं उत्तरी हिस्से में पहुँची, तो वहाँ इनके लिए लाइनें लगती थीं। इससे जलन पैदा हुई और नेताओं ने दूसरी ओर के लोगों को भड़काना शुरू कर दिया।

कुछ लोगों को पीटा भी गया। कुछ मकान तबाह कर दिए गए। दरअसल इसमें सभी नेता शामिल थे। इसके पीछे नशीली दवाओं का बड़े पैमाने पर काम करने वाले लोग थे। थोड़ा माल बेचने वालों को फायदा होने लगा, तो वे बाहर से माल लाने लगे। इस तरह बड़ी मछलियों के लिए ज़रूरी हो गया कि वे दो-तीन छोटी मछलियों को धूल चटा दें।

मीडिया शूटिंग करने के बहाने से कई घरों में घुस गया। उन्हें इसकी इजाज़त किसने दी? ड्रग्स मामले की रिपोर्टिंग के नाम पर वे सैक्स वर्कर सरोजिनी के घर में जानवरों की तरह घुस गए। यह बिल्कुल जानवरों जैसा बर्ताव था। उस घर में चार जवान औरतें थीं। उसी घर में अचानक बहुत से लोग ज़बरन आ गए और उनमें से एक गरजते हुए बाथरूम की ओर चला गया। अगर वहाँ कोई लड़की नहा रही होती तो?

आस-पास के लड़कों ने उन पर पत्थर फेंके। ऐसा कौन गैरतमंद होता, जो ऐसा न करता? उन्होंने ऐसा किया, क्योंकि वे अपनी बहनों से प्यार करते थे। पुलिस तो रखवाली वाले कुत्ते हैं। उन पर भी पत्थर बरसाए गए। पुलिस ने हमारे लड़कों को बेरहमी से पीटा।

5

वो लड़की जिसने ए.के.जी. की अगवानी की

जब मेरे वलयच्चन का बेटा एक कांग्रेस दल के आदमी के हाथों मारा गया, तो ए.के.जी. और सुशीला गोपालन उनसे मिलने आए। वे केरल के सबसे प्रिय कम्युनिस्ट नेता रहे। उनकी पत्नी सुशीला बाद में पार्टी में नेता बनीं।

कच्चे नारियल के साथ उनका स्वागत करने के लिए मुझे चुना गया। वहाँ वे लकड़ी की कुर्सियों पर एक–दूसरे के पास बैठे थे। उन दिनों हमारे घर में मिट्टी के तेल की चिमनी ही जलती थी। हमने उसे ही जलाकर फर्श पर रखा हुआ था। सभी पुराने घरों की तरह वलयच्चन के घर की छत भी काफी नीची थी। यह तस्वीर आज भी मेरे दिमाग में ताज़ा है; ए.के.जी. नारियल पकड़ने को बाँहें फैला रहे हैं और सुशीला गोपालन का गोरा रंग, गुलाबी आभा से दमक रहा है। उन्होंने पारंपरिक साड़ी पहनी हुई थी, जो न तो काली थी और न ही कॉफी रंग की। मैंने मलयालम गाथा नर्तकियों की तरह कपड़े पहन रखे थे। साड़ी मेरी छाती के चारों ओर लिपटी थी। कुछ बाल सिर के एक ओर जूड़े में लाल रेशमी धागे से बँधे थे और कुछ मेरे कंधे पर झूल रहे थे। मुझे अपनी यह तस्वीर काफी समय तक याद रही। उस लड़की की तस्वीर, जिसने ए.के.जी. की अगवानी की थी।

तब तक मैं अनजाने में हड़ताल की नेता बन गई थी। जब मैं पहली बार काम पर गई, तो हमें दो रुपये तनख्वाह मिलती थी। मैंने कहा कि हमें ढाई रुपये चाहिए। अगर उतने पैसे नहीं दिए, तो हम काम पर नहीं आएँगे। मालिक ने मुँहतोड़ जवाब दिया, ''तुममें से किसी को काम पर आने की ज़रूरत भी नहीं है, तुम्हारे लिए यहाँ कोई काम नहीं है।'' खैर, मैंने उसकी बात को गंभीरता से लिया। मैं जिन औरतों के साथ काम पर जाती थी, वे सुबह टोकरियाँ लिये मेरे घर आ पहुँचीं। मैंने उन सबसे कह दिया कि हमारे पास काम नहीं है, लेकिन इसी बात से हंगामा हो गया। सारे मर्द काम पर लौट गए। मेरे साथ की औरतें नहीं आईं। वहाँ काम करने वालों ने सोचा कि

मैंने वही किया, जो कहा था; क्योंकि मैं एक नेता की बेटी थी। हालांकि मैं उस समय राजनीति के बारे में कुछ नहीं जानती थी, बस मुझे इतना पता था कि मुझे वही करना चाहिए, जो मैंने कहा। इस तरह कुछ समय के लिए मैं उन सबकी नेता बन गई।

इस घटना से पहले की एक तस्वीर भी मेरे दिमाग में साफ है। जब मैं ग्यारह साल की थी, तो एक ऐसे जुलूस में शामिल हुई जो फालतू ज़मीन की माँग कर रहा था। सब नारे लगा रहे थे—''हमें ज़मीन दो, हमें ज़मीन दो! कसावा और धान उगाने के लिए ज़मीन दो'' मैंने देखा कि कई लोगों का ध्यान मेरी ओर ही था, तो मैं झंडा फहराते हुए और भी ज़ोर-ज़ोर से नारे लगाने लगी। कह सकते हैं कि एक बहादुर लड़ाकी औरत की तरह। जब मैं देखती कि सड़क के किनारे खड़े लोग घूर रहे हैं, तो मैं और ऊँची आवाज़ में नारे लगाती। हालांकि मुझे बाद में पता चला कि वे मेरी खूबसूरती निहार रहे थे। ग्यारह साल की होने के बावजूद मैं देखने में चौदह साल की लगती थी। मैंने आधी बाजू की चोली और घुटनों तक ऊंचा घाघरा पहना हुआ था। काफी समय बाद, यही पोशाक सैक्सी हीरोइन सिल्क स्मिता ने पहनी। जहाँ तक कपड़ों का सवाल है, हम उन दिनों यही सब पहनते थे।

हमारे साथ जुलूस में एक बूढ़ी औरत भी थी। जब भी वो घर आती, तो घर के आंगन में गड्ढा खोदकर उस पर रखे पत्ते में चावल का दलिया दिया जाता। वह पत्ते को इस तरह मोड़ लेती कि उससे पी सके। मैं कहती—'उसे आँगन में खाना खिलाओ' पिताजी न मानते। याद रखें कि वो न सिर्फ एक कम्युनिस्ट, बल्कि श्री नारायण गुरु को मानने वाले भी थे।

माँ

माँ को गुज़रे चौदह बरस हो गए। मैंने कई साल पहले ही उससे मिलना छोड़ दिया था। नौकरी जाने के बाद तो, जैसे उसका अपनी ज़िंदगी पर कोई काबू ही नहीं रहा। उसके बाद, मेरे पिता या भाई ही सभी अहम् फैसले लेते। जब माँ को याद करती हूँ तो आँखों के सामने एक पारंपरिक साड़ी में सजी माँ की तस्वीर उभर आती है। उनके माथे पर चंदन का टीका होता और खुले बाल कंधों पर लहराते। जब हम पर मुसीबतों के पहाड़ टूटने शुरू हुए, तो वे अक्सर बीते दिनों को याद कर रोतीं। पिता जी भी गुस्से में आकर मार-पिटाई करते और माँ रोने लगती। जब कभी वलयम्मा, माँ को कोसतीं, तो पिताजी माँ का साथ न देते। अब मुझे अहसास हुआ है कि पिताजी किस कदर वलयम्मा के कब्ज़े में थे। हो सकता है कि वे बड़े भाई की पत्नी की इज़्ज़त करते हों लेकिन इसके अलावा वह एक सैक्सी औरत भी थीं। शायद यही वजह भी हो सकती है कि पिताजी पूरी तरह उनके कहने में थे।

जब मैंने सुब्रेट्टन के यहाँ पहले बच्चे को जन्म दिया, माँ चोरी-चोरी मेरा हाल-चाल लेने आ जाती। उन दिनों वह मिल में काम करने वाले बच्चों को पढ़ाकर चार पैसे कमाने लगी थी। वह उसी काम का बहाना कर मेरे पास आ जाती।

सैक्स वर्कर बनने के बाद, मैं भी उससे चुपके-चुपके मिलने जाती रही। उसने मेरा दिया पैसा कभी नहीं लिया। उसे लगता था कि वह पाप की कमाई थी। एक दिन उसने मेरे गले में सोने की ज़ंजीर देखकर पूछा : ''क्या यह सोने की है?''

''नहीं माँ, सोने का पानी चढ़ा है।''

तब माँ बोली : ''चार पैसे बचाकर सोना खरीद लो। यही बाद में तुम्हारे बच्चों के काम आएगा।''

जब उसे पता चला कि मैं बच्चों के साथ न रहने के बावजूद उन्हें पालने के लिए पैसा भेज रही थी, तो उसने सलाह दी कि मुझे थोड़ा पैसा अपने लिए भी बचा लेना चाहिए। क्योंकि आने वाले समय में बच्चे मुझसे लगाव नहीं रखेंगे।

इन चोरी मुलाकातों का सिलसिला भी बंद हो गया। मेरे भाई की शादी मुझसे पहले ही हो चुकी थी। जब घर पर उसकी बीवी का राज चलने लगा तो वह माँ को अकेले कहीं नहीं जाने देती थी। उसकी बेटी माँ के साथ जाती और सारी खबर देती कि दादी कहाँ गई, किससे मिली। इस तरह हमारा मिलना-जुलना नामुमकिन हो गया। मैं तो उसके मरने पर भी वहाँ नहीं जा सकी।

मैंने इक्कीस साल की उम्र में पहली तस्वीर खिंचवाई। मैंने उसमें एक पारंपरिक साड़ी पहन रखी है। इसे देखती हूँ, तो लगता है कि माँ की ही तस्वीर देख रही हूँ। घर में माँ की एक बड़ी तस्वीर थी, जिसमें उसने बढ़िया साड़ी के साथ काला ब्लाउज़ पहन रखा था। हालांकि मैंने लाल साड़ी पहनी है और माथे पर लाल टीका लगाया है। लेकिन तस्वीर में वह भी काला ही दिख रहा है।

माँ ने तो उस तस्वीर के लिए ही माथे पर बिंदिया लगाई थी। आमतौर पर वह माथे पर बिंदिया नहीं लगाती थी। उसने बहुत छोटी उम्र में नौ बच्चे पैदा किए, जिनमें से तीन मर गए। उसने छह बच्चे पाले। जब पिताजी के पास कोई नौकरी नहीं रही, तो माँ ने बहुत गरीबी और तकलीफ में दिन काटे। मैंने उसे कभी माथे पर बिंदिया लगाते नहीं देखा। वह ओणम जैसे किसी त्यौहार पर ही। माथे पर चंदन का टीका लगाती। बिंदिया से सजा चेहरा सिर्फ उस तस्वीर के लिए था। तभी तो, जब भी मैं अपनी तस्वीर देखती हूँ, तो मुझे माँ की याद आ जाती है।

सत्यन मारा गया!

मैंने सबसे पहले 'काट्टू तुलसी' नाम की फिल्म देखी थी। मैं उस समय चौदह

साल की थी। इस फिल्म ने मुझे दो तरह से दुखी किया। एक तो इसकी कहानी बड़ी दर्द भरी थी और दूसरे पिता जी ने मेरी धुनाई भी की। इस फिल्म में एक दर्द-भरा गीत है—'गंगा की धरती से एक गंधर्व, एक बार यहाँ से गुजरा...' मैंने सोचा कि इस गाने में भी वही हुआ जो 'अरम' में हुआ था, जहाँ कोई दुष्ट किसी के कुछ बोलने पर उसे 'मार' देता है।

मैंने दुःख भरी आह के साथ भाई से कहा—''इस 'अरम' ने फिल्म को कितना दर्द भरा बना दिया,'' मेरे भाई ने मुझे कहा—''बुद्धू! यह फिल्म ही इस तरह बनाई गई है।''

मैं फिल्में देखने इसलिए जाती थी, क्योंकि मैं वही सब करना चाहती थी, जो लड़के करते थे। चेट्टन 'नलतंका' फिल्म देखकर आया और हमें उसकी कहानी सुनाई। मुझे ऐसे लगा कि फिल्में नाटकों की तरह होती हैं, जिसमें सब कुछ स्टेज पर दिखाया जाता है। जब चेट्टन ने कहा कि सत्यन मर गया, तो मैंने कहा : ओह ! अब तो और शो नहीं हो पाएँगे ? जब वो मर ही गया, तो नाटक में काम कौन करेगा ? फिर वो कहता कि अगला शो नौ बजे है। जब हम वो शो देखने गए, तो सत्यन दोबारा मरा। चेट्टन ने खीझकर कहा : ''सचमुच ! तुम तो बिल्कुल बेअक्ल हो, मैं तुम्हें दोबारा फिल्म दिखाने नहीं लाऊँगा। हम घर के उत्तर की ओर खुलने वाले दरवाज़े से चोरी-छिपे रात को फिल्म देखने निकलते। जब हम चोरी—छिपे लौटते, तो भी पिता जी जान न पाते। लेकिन हमारी बहस की आवाज़ों से पिताजी की आँख खुल जाती। मैं और मेरा भाई हमेशा किसी-न-किसी बात पर बहस करते रहते। मैं हमेशा यही कोशिश करती कि मेरी जीत हो, मुझे तो हर हाल में जीतना ही था। चेट्टन अक्सर हार मान लेता, लेकिन उस दिन तो जैसे वह भी जीतने की कसम खाए बैठा था। इसलिए उसे गुस्सा आ गया और एक जोरदार धमाका सुनाई दिया।

मैंने 'सुकृतम' नाम की फिल्म देखी थी। जिसमें मम्मूती कुदरती तरीकों से कैंसर का इलाज करता है। मैंने यह फिल्म तब देखी थी, जब मैं आप बीमार पड़ी हुई थी।

हमने 'ज्वालामुखी' की ओर से त्रिश्शूर के टाउन हॉल में टी.वी. चंद्रन की फिल्म 'सुसन्ना' पर एक चर्चा रखी, जिसने लोगों का ध्यान अपनी ओर खींचा। हमने निर्देशक टी.वी. चंद्रन व वानी विश्वनाथ का स्वागत किया, जिन्होंने फिल्म के लिए काम किया था। उन्हें स्मृतिचिह्न भी दिए गए। उन्होंने कहा कि यह पुरस्कार उनके लिए बहुत मायने रखता है। हमने सारा जोसफ के साथ फिल्म के बारे में अपने विचार रखे। मैंने कहा कि सुसन्ना की दुनिया आज़ाद थी। किसकी चूड़ी:—

किसकी चूड़ी?

मंदिर की ओट्टनतुल्लल कला मुझे अच्छी लगती थी। एक आदमी कपड़ा पकड़ता है और गाता है। दूसरा व्यक्ति उसकी एक्टिंग करता है। इसमें काफी हँसी-मज़ाक भी होता है। हालांकि मैं इस कला के बारे में ज्यादा नहीं जानती, लेकिन इतना पता है कि इससे लोगों का दिल बहलाया जा सकता है। यहाँ किसी भी चीज़ को बिल्कुल सही तरह से कहानी में पिरोकर पेश किया जाता है। मुझे इसका नायक इसलिए भी पसंद है, क्योंकि वह ऐसी बातें भी कह जाता है, जिन्हें हम आमतौर पर नहीं कह सकते।

मुझे लोगों के सामने भाषण देने या नाचने में हिचक होती थी। मैं 'कइकोट्टी कली और ओणाक्कली' नाच के बारे में भी नहीं जानती। लोगों के सामने भाषण देना शुरू करने के बाद ही मेरी हिचक खत्म हुई। मेरी जवानी के दिनों में जो लड़कियाँ ओणाक्कली नहीं जानती थीं, उन्हें काफी हीन समझा जाता था। हालांकि वलयम्मा को पूरा यकीन था कि मैंने काफी पढ़ाई कर ली थी। लेकिन वह मुझे इन दोनों में निपुण बनाना चाहती थीं। इसे अभिजात वर्ग की निशानी माना जाता था।

गाने में भी यही हाल था। मैं रामानन की तरह कविताएँ बाँचती थी। मुझे कविता बोलना कभी नहीं आया। मैंने 'रामानन' और 'करुणा' इसलिए पढ़े, क्योंकि पिताजी भी उन्हें पढ़ते थे। आज भी मुझे थोड़ा-बहुत याद है, जैसे—चारों ओर फूलों से भरे वन! या फिर जंगलों की छाया में बकरियाँ ले जाना—लेकिन मैं इन्हें धुन में नहीं गा सकती।

'करुणा' से: वासवदत्ता के तैयार होने और उसकी पोशाक के बारे में याद है। एक पंक्ति थी—हिलाओ, ताकि मधुर चूड़ियों की झंकार... उस समय मुझे पता नहीं था कि किसकी चूड़ियों की बात हो रही है? वासवदत्ता या उसकी सखी की! मैं सोचती कि जिसने इसे लिखा, वह कुछ ज्यादा नहीं जानता होगा। क्या हिलाने से चूड़ियों की झंकार होती है? इतनी नाजुक चूड़ियाँ? सचमुच?

नलिनी, जमीला

शायद नौ से बारह साल की उम्र के दौरान ही भगवान से मेरा भरोसा उठ गया था। माँ की नौकरी छूट गई थी और वह उसे वापस पाने के लिए यहाँ-वहाँ भाग-दौड़ कर रही थी। मैं हमेशा उसके साथ होती। हालांकि मेरे बड़े भाई को उसके साथ जाना चाहिए था, लेकिन वो शुरू से ही अलग-अलग रहता था। इसलिए माँ मुझे अपने साथ ले जाना बेहतर समझती। वापसी पर माँ कृष्ण भगवान के मंदिर में प्रार्थना करती कि उसे नौकरी वापस मिल जाए। फिर हम

नारायण गाद्दी जाते, वहाँ शिव जी का मंदिर था। हमें देर हो जाती, तो पिता जी सड़क पर इंतज़ार करते हुए मिलते।

पिता जी पार्टी के लिए काम करते थे। वे नहीं चाहते थे कि माँ उनके पीछे चले। इसलिए दोनों साथ-साथ चलते। जब मंदिर पास आता, तो माँ अपनी चाल धीमी करके भगवान से प्रार्थना करती। मुझे यह देखकर बड़ा मज़ा आता था। जब आप शिवजी की प्रार्थना कर रहे हैं, तो पिताजी से डरने की क्या बात है? कौन ज्यादा ताकतवर है, पिताजी या शिव? आज भी कोई मंदिर देखती हूँ, तो वही सब याद आ जाता है।

मैं नहीं कह सकती कि मैं भगवान पर बिल्कुल भरोसा नहीं रखती। एक वह भी समय था, जब मुझे बीमारी के दौरान मस्जिद में आसरा लेना पड़ा। उस बेचारगी के दौर में फूंका हुआ पानी पीने और बालों में मोरपंख लगाकर इबादत करने से— मुझे बहुत आराम मिलता था।

अक्सर मस्जिद ने ही मुझे आसरा दिया; वहाँ मिले दान ने ही मुझे ज़िंदा रखा। मुझे यह भी डर था कि भगवान को न मानने से मुझ पर उसका कहर टूट सकता है। मुझे इसका कोई तजुर्बा नहीं रहा कि भगवान है, लेकिन मुझे यह कहने में डर लगता था कि भगवान नहीं है। मस्जिदों में लड़कियाँ उठवाई जातीं, उनसे ज़बरदस्ती होती, उन्हें तंग किया जाता, जो लोग मन्नतें पूरी करने आते, अगर वे रिश्वत न देते तो उन्हें पीटा जाता—अगर कहीं भगवान होता, तो क्या सचमुच ऐसा होता? अगर उस साढ़े-तीन साल की दुख और तकलीफ के वक्त, एक बार भी मुझे उसकी ताकत का तजुर्बा हुआ होता, तो शायद मैं भी उस पर विश्वास करने लगती। लेकिन एक बार भी ऐसा नहीं हुआ।

मेरी बीमारी के दौरान एक झाड़-फूँक करने वाले ने मुझे कई बार मिलने के एवज़ में करीब पाँच हज़ार रुपये दिए। मुझे कई लोग सलाह दे चुके थे कि मैं इस आदमी के पास इलाज कराने जाऊँ। मैं कुछ भी करने को तैयार थी, इसलिए मैं वहाँ गई। मेरा ट्यूमर काफी बढ़ गया था। मैं वहाँ जाकर नहाई। उसने कहा—'तुम बहुत अच्छे कपड़े पहनकर आई हो, मैंने अंदाज़ा लगाया कि शायद वह मेरा हौसला बढ़ाने के लिए ऐसा कह रहा था। 'आइल्लयम' के दिन एक खास तरह की पूजा होती है, जिसमें आपके सिर पर घड़ों से हल्दी डला पानी डाला जाता है। आपके सिर पर सात या ग्यारह घड़े पानी उंडेला जाता है, जिसमें हल्दी मिली होती है। आपको घर के ऐसे कोने में बिठाया जाता है, जहाँ से पानी नाली से बाहर निकल सके। मैं इस बारे में कुछ खास नहीं जानती थी। इसलिए मैं बदलने के लिए कपड़े भी नहीं ले गई थी।

उसने मुझे पूजा में पहनने के लिए एक लुंगी दी। वहाँ एक जगह बनी थी, जहाँ कपड़े बदले जा सकते थे। मेरे पास लुंगी के ऊपर पहनने के लिए ब्लाउज़ भी नहीं था। मुझे लगा कि यह कोई बड़ी बात नहीं है, इसलिए मैंने छाती के ऊपर से लुंगी बाँध ली। मेरे हाथ में एक छोटी-सी मूर्ति पकड़ा दी गई और सिर पर पानी डाला गया। उसने सिर पर पानी डालते हुए मेरे कंधे सहलाए। जब उसने यही हरकत दोहराई, तो मुझे समझ आ गया। जब मैं कपड़े बदलकर लौटी, तो उसने एक जार में से पाँच सौ का और सौ के तीन मुड़े-तुड़े नोट निकाले और मेरी मुट्ठी में पकड़ा दिए। लोग उसे अक्सर ऐसे ही पैसे देते होंगे, इसलिए मैंने सोचा कि हो-न-हो यह कोई ताबीज़ होगा! या हो सकता है कि उससे कोई भूल हुई हो, इसलिए मैंने कहा—'सार'! ये तो रुपये हैं, उसने बस सिर हिलाया, तो मैं समझ गई कि वहाँ तो मामला ही गड़बड़ था। उसे मंत्र पढ़ते हुए सुनना भी मज़ेदार था। वह संस्कृत में कुछ मंत्र पढ़ने के बाद कहता—'इस तुलसी को काँटों से बचाओ!' यह वाक्य अनगढ़ व टूटी-फूटी मलयालम में कहता। हमसे भी इसी तरह प्रार्थना करवाई जाती है। मुझसे दोबारा आने को कहा गया और मैं गई। इस तरह वह मुझे हर बार चोरी से सौ रुपए देता। वह लोगों से दो जगह मिलता था इसलिए उसके घर के दरवाज़े पर लिखकर टंगा रहता कि वह घर में नहीं है। खास पूजा-पाठ घर में ही करवाया जाता। दूसरी जगह पर सिर्फ सलाह दी जाती या घर में होने वाली पूजा का समय तय किया जाता। एक दिन मुझे दूसरी जगह आने को कहा गया।

आमतौर पर वह साधारण किस्म का सैक्स चाहता था। अगर ऐसा न भी हो पाता, तब भी वह पैसे देता। जब मैं वहाँ दोबारा गई, तो वहाँ किसी और को भी बुलवाया गया था। शायद वह भूल गया था। मैं वहाँ उसके बिस्तर पर पड़ा पानी झाड़कर लेटी थी। जब घंटी बजी, तो वह मुझे पूजा वाले कमरे में ले गया। मैंने सोचा कि उसकी बीवी आई होगी। जो औरत घर में आई, वह सचमुच बहुत सुंदर थी। पूजा वाले कमरे में काफी अंधेरा था। वह उसे उस सोने वाले कमरे में ले गया, जहाँ थोड़ी देर पहले मैं लेटी थी। उसने उसे वहाँ लिटाकर दरवाज़ा बंद किया और मुझे बाहर निकाल दिया। वह औरत नहीं जान सकी कि मैं वहाँ अंदर मौजूद थी।

हो सकता है कि सभी झाड़-फूँक करने वाले ऐसे न होते हों। खैर जो भी हो, इस तजुर्बे से तो मेरी उनके बारे में राय ही बदल गई।

जब मैंने नया-नया इस्लाम क़बूल किया, तो कई दोस्ताना हाथ मेरी मदद के लिए आगे आए। अलग-अलग जगहों पर मुझे मदद मिलती रही। मल्लपुरम में कई जगह ऐसी हैं, जहाँ गरीबों की मदद की जाती है। वे ऐसे सवाल पूछकर आपका मज़ाक नहीं उड़ाते—'क्या तुम सेहतमंद नहीं हो?' 'कोई काम क्यों नहीं करती?'

उन साढ़े-तीन सालों के दौरान जब मैंने सैक्स वर्क नहीं किया? तो मैं न सिर्फ मस्ज़िद से बल्कि लोगों के घरों से भी भीख लेने जाती थी। इसे 'सदका इकट्ठा करना' कहते हैं और यह भीख माँगने से थोड़ा बेहतर माना जाता है। अगर आप कहो कि आपने कुछ समय पहले ही धर्म बदला है, तो आपको ज्यादा भीख मिलती है। लोग ज्यादा ध्यान देते हैं और अच्छी तरह पेश आते हैं।

मैं अपने पति के साथ कुछ समय तक मल्लपुरम में भी रही। उन दिनों उसकी बीवी खाड़ी देश चली गई थी। जब उसने मुझे छोड़ दिया; तो मैंने मस्ज़िदों में और रिश्तेदारों के साथ अपना वक्त काटा। वह मेरे साथ झगड़ा सुलझाना चाहता था। इसलिए हमने तय किया कि हम मल्लपुरम में रहेंगे। उसने वहाँ चोरी से एक मकान किराए पर लिया। मैं और ज़ीनू उसके साथ रहने लगे। वह अक्सर दिन में आता। अब मैं उसकी बीवी नहीं थी, लेकिन दुनिया को दिखाने के लिए उसकी बीवी बनकर रही। लोगों को हमारी शादी-शुदा ज़िंदगी के बारे में जानने की बड़ी बेताबी रहती। वे अक्सर छोटी ज़ीनू से घुमा-फिरा कर पूछते— 'तुम्हारे अब्बा तो दिन में आते हैं, फिर वे तुम्हारी अम्मी के 'साथ' कब रहते हैं?' हालांकि ज़ीनू नहीं समझ पाती थी कि 'साथ रहना' क्या होता है। जब वह हमें छोड़ गया, तो आस-पास रहनेवालों ने कपड़े और खाने से हमारी मदद की। खाड़ी देश से लौटने वाले भी हमें कपड़ा देते।

मल्लपुरम में कई लोगों ने ज़ीनू से शादी करने का वादा भी किया। मैं इसके खिलाफ थी। उस समय ज़ीनू सिर्फ चौदह साल की थी। जमात-ए-इस्लाम ने मदद की पेशकश की। अगर हम कबूल कर लेते, तो जीनू को पर्दे में रहना पड़ता। हालांकि वो इस बात के लिए पूरी तरह राज़ी न होती, पर न भी नहीं कर पाती। मैंने तय किया कि उसे ऐसी जगह नहीं फेंकूँगी कि वो वापस ही न आ सके। उन्होंने सोने के पच्चीस सिक्के देने का वादा किया था।

मैं कभी भी मुसलमान औरतों की तरह चौबीस घंटे सिर ढंककर नहीं रही। लेकिन जब भी मैं रिश्तेदारों के यहाँ जाती, तो इसी तरह पेश आती कि मैं इस्लाम को पूरी कट्टरता से मानती हूँ। मैंने कभी उनसे दूर होने का फैसला भी नहीं किया।

मैंने मुसलमान पति के साथ कुछ दिन रहने के बाद अपना नाम जमीला रखा। एक बार पुलिसवाले ने मेरा नाम पूछा। मैंने कहा, 'जमीला।'

तभी वहाँ दूसरा पुलिसवाला आकर बोला—

''तुम झूठ बोल रही हो। तुम नलिनी नहीं हो?''

मेरे जानने वाले आज भी मुझे नलिनी के नाम से जानते हैं। इसलिए मैंने तय किया कि मेरा नाम होगा : नलिनी जमीला।

मीडिया से दोस्ती

हालांकि संस्था के शुरुआती दिनों में मीडिया का बर्ताव रूखा ही रहा, लेकिन धीरे-धीरे हमारे तजुर्बे उनके सामने आने लगे। 'ज्वालामुखी' की कार्यवाहियां; अखबारों और पत्रिकाओं में छपने लगीं। जब चेन्नई में हमारी मीटिंग हुई, तो 'नक्कीरन' ने इसकी रिपोर्ट छापी।

उसी समय एशिया नेट टी.वी. चैनल के 'नाट्टरंगु' चर्चा कार्यक्रम में कुछ नाटकीय मोड़ आए, जिन्होंने लोगों का ध्यान अपनी ओर खींचा। औरतों की समस्याओं पर बातचीत हो रही थी। एक सैक्स वर्कर ने कहा कि हमारे भी पति और बच्चे होते हैं और हममें से कइयों ने बच्चे गोद ले रखे हैं, तो पंचायत के एक सदस्य व कांग्रेस नेता ने दावा किया कि हम बच्चों को आने वाले समय में सैक्स वर्कर बनाना चाहते हैं, इसलिए हमने उन्हें गोद लिया है। इससे सबको गुस्सा आ गया और उस आदमी को वहीं माफी माँगनी पड़ी। उस औरत ने एक लड़का गोद ले रखा है।

मैंने एशिया नेट के 'अकाट्टलम' कार्यक्रम के सत्तरवें भाग में हिस्सा लिया। मैत्रेयन ने एक हेल्थ वर्कर के तौर पर मेरा परिचय दिया। उसे डर था कि कहीं सैक्स वर्कर कहने से मुझे भाग लेने का मौका न दिया जाए। उस कार्यक्रम में 'विनया' भी थी। केरल में विनया एक जाना-पहचाना नाम है। वह पुलिसवाली, महिलाओं के हक के लिए आवाज़ उठाती है। उसने महिला पुलिस के लिए भी आवाज़ उठाई है। विनया ने कहा कि मुझे अपनी पहचान बता देनी चाहिए। चर्चा का विषय था 'महिला और पुलिस'। जब एक बड़े पुलिस अधिकारी ने दावा किया, कि उसने कभी किसी सैक्स वर्कर को तंग नहीं किया तो मैंने सबूत के साथ उसकी बात काट दी। मैंने एक घटना बताई, जिसमें छब्बीस सैक्स वर्करों को त्रिश्शूर में पकड़ा गया और कोझीकोड ले जाकर जेल में डाल दिया गया। यह सब इसलिए हुआ, क्योंकि एक सैक्स वर्कर के एस.आर.टी.सी. बस स्टैंड पर जज की बीवी के साथ खड़ी थी। मैंने पूछा कि उन सबको किस जुर्म में अंदर किया गया, तो उसकी बोलती बंद हो गई।

मैंने त्रिश्शूर की एक और घटना का हवाला दिया। यह सब हवालात में आर्ट्स के छात्र एंटों के साथ हुआ। सब-इंस्पेक्टर ने कहा कि उनके साथ यही होना चाहिए और हवालात में बंद सैक्स वर्करों की आँखों में एक मुट्ठी लाल मिर्च फेंक दी।

इस चर्चा के दौरान मेरी और विनया की बहस चलती रही। विनया का कहना था कि पुलिसवाली औरतों को साड़ी की बजाय मर्दों की तरह पैंट-कमीज़ पहननी चाहिए। इसी बात पर गर्मागर्म बहस हो गई। जब पूछा गया कि आप पैंट पहनकर

मूत्र त्याग कैसे कर सकते हैं? तो उसने पलटकर जवाब दिया कि वे पैंटें पहन कर अपना पेट कैसे साफ करते हैं? जब कहा गया कि अगर औरतें पैंटें पहनेंगी तो मर्द भड़केंगे, उसने कहा : कि वह भी मर्दों को बिना कमीज़ के देखती है, तो भड़क जाती है।

इस मामले में मेरी राय विनया से थोड़ी अलग है। मेरा मानना है कि नारीत्व ही औरत की सबसे बड़ी ताकत है। आदमियों की तरह छोटे बाल रखने या पतलून पहनने का कोई खास फायदा नहीं है। मेरा कई मर्दों से वास्ता पड़ चुका है, इसलिए मैं जानती हूँ कि वे भी ऐसी पोशाक में आरामदायक महसूस नहीं करते। इसलिए उनके जैसा बनने में कोई तुक नहीं है।

इसके बाद मैंने सन टी.वी. के 'कथायल्ला निज़म' में हिस्सा लिया। फिल्मों की नायिका लक्ष्मी कार्यक्रम की एंकर थी। 'नक्कीरन' में छपा था कि 'ज्वालामुखी' त्रिश्शूर में एक होटल चला रही है, उसे पढ़कर ही वह मुझसे मिली। चेन्नई में शूटिंग थी, मुझे वहाँ एक वी.आई.पी. की तरह रखा गया। एक फाइव स्टार होटल में ठहरना अपने-आप में नया तजुर्बा था। लक्ष्मी सहज भाव से मेरी पूरी बात सुनने को तैयार थी, ताकि मैं असरदार तरीके से अपनी बात रख सकूँ।

जब मैं एशियानेट के 'न्यूज ऑवर' में आई, तो मुझसे पूछा गया कि मैं सैक्स वर्क को खत्म करने के लिए क्या कर रही हूँ? मैंने कहा कि मैं तो इसे बनाए रखना चाहती हूँ। कई लोगों को ऐसी बात पसंद नहीं आई, लेकिन सीधे प्रसारण की वजह से कार्यक्रम में काट-छाँट नहीं हो पाई।

6

पुनर्वास

केरल में आमतौर पर सैक्स वर्करों के पुनर्वास का सवाल उठाया जाता रहा है। कइयों ने मुझसे पूछा कि जगत् प्रसिद्ध आध्यात्मिक महिला, माता अमृतानंदमयी इसकी मंजूरी नहीं देती। मैं इन लोगों से पूछना चाहती हूँ कि क्या इन्होंने कभी सैक्स वर्करों के परिवार व समाज से बने रिश्तों के बारे में जानने की कोशिश की है? क्या पुनर्वास से उनके घरेलू और सामाजिक रिश्तों को फिर से ज़िंदा किया जा सकता है? क्या इस तरह सैक्स वर्करों की हालत और भी बदतर नहीं हो जाएगी? क्या वे पहले से भी अकेली नहीं हो जाएँगी?

इस पुनर्वास का क्या मतलब है? सैक्स वर्करों को किसी अलग हिस्से में रखा जा सकता है, लेकिन क्या हमेशा उनकी रोज़ी-रोटी का इंतज़ाम किया जा सकता है? सैक्स वर्करों का दल हमेशा एक-सा नहीं रहता, ये लोग हमेशा बदलते रहते हैं। कुछ लोग छोड़ कर चले जाते हैं, तो कुछ नए लोग शामिल हो जाते हैं। उनके लिए क्या कर सकते हैं?

हमने माँग रखी कि सैक्स वर्क को एक अपराध न माना जाए। इसका मतलब लाइसेंस देने से नहीं था। इससे कई नई तरह की उलझनें पैदा हो जाती हैं। डॉक्टरों से पहचान-पत्र, पुलिस और फिर लाल फीताशाही! इससे भ्रष्टाचार बढ़ेगा। अपराध में न रखने से हमारा मतलब था कि अगर दो लोग अपनी मर्ज़ी से सैक्स करना चाहते हैं, जिससे किसी को कोई परेशानी नहीं है, तो उनसे इस बारे में जवाब तलब नहीं होना चाहिए। केरल में तो यह और भी ज़रूरी है, क्योंकि वहाँ वेश्यालय (कोठे) नहीं हैं। मैं अपनी संस्था के काम से कई जगह के कोठों पर गई हूँ। कोलकाता और कर्नाटक में वे काफी अच्छे तरीके से चलाए जाते हैं। इन जगहों पर, इन्हें काफी हद तक क़बूल भी किया जाता है। मुंबई और दूसरे इलाकों में काफी गरीबी है। मुंबई के कोठे तो काफी बदतर हालत में हैं। मुंबई में जिस तरह के कोठे

हैं, उन्हें किसी भी हालत में सही नहीं माना जा सकता। कोलकाता और कर्नाटक के कोठों में सैक्स वर्करों को अपने ग्राहक चुनने, पैसे तय करने व उनके साथ लगने वाला समय तय करने की पूरी आज़ादी है।

मुंबई के कोठे कुछ ऐसे ही हैं, जिनके बारे में लोग आमतौर पर सुनते हैं। तभी जब भी कोई कोठों की बात करता है, तो लोगों के दिमाग में कोठों की डरा देने वाली तस्वीर उभर आती है।

मुंबई के रेडलाइट इलाकों के बारे में भी कई तरह के किस्से सुनाए जाते हैं। यहाँ तक कि पढ़े-लिखे लोग भी इन बातों पर आँखें मूँदकर यकीन रखते हैं। मिसाल के तौर पर, माना जाता है कि रेडलाइट एरिया में सैक्स लाइसेंस के साथ होता है। वहाँ सेहत के लिहाज़ से सर्टिफिकेट दिए जाते हैं। वहाँ ऐसे सर्टिफिकेट भी हैं, जो किसी एरिया को सेफ या अनसेफ बताते हैं। इसे लाइसेंस देना नहीं कहते।

इन जगहों पर औरतों को सताया जाता है। उन्हें कोई हक़ या आज़ादी नहीं होती। उन्हें वहाँ आने वाले हर आदमी को खुश करना पड़ता है।

केरल में कहीं कोठे नहीं हैं। आज से करीब बीस-पचीस साल पहले वहाँ कोठे हुआ करते थे।

केवल मीडिया और नेता ही खिलाफ नहीं है, लेकिन अनजाने में वे लोग भी शामिल होते हैं, जिन्हें हम अपने साथ मानते हैं। शुरुआती दिनों में त्रिश्शूर के थियेटर वाले ने हमारे लिए नाटक खेला था। उसमें दिखाया था कि सैक्स वर्कर किस तरह बेसहारा होकर दर्दनाक मौत मरते हैं। मेरा मानना है कि हमें लोगों की दया या करुणा नहीं, बल्कि स्वीकृति चाहिए। मेरी उससे इसी बारे में बहस हो गई। संस्था के कई लोगों ने मेरी ओर से उससे माफी माँगी। उन्हें लगा कि मैंने उस आदमी की बेइज़्ज़ती की थी। मैं अपनी बात पर अड़ी थी कि मैंने नहीं, उसने सेक्स वर्करों की बेइज़्ज़ती की थी। कुछ समय के लिए इसी मुद्दे पर संस्था से मेरी अनबन भी हो गई थी।

जयश्री जैसी कुछ नारीवादियों को छोड़कर, आमतौर पर कोई भी सैक्स वर्करों को अपनाना नहीं चाहता। मेरे हिसाब से ऐसा इसलिए है, क्योंकि वे नहीं देख सकते कि सैक्स किसी औरत की माँग भी हो सकती है। जब मैं संस्था के लिए काफी काम करने लगी, तो मुझसे कइयों ने पूछा कि सैक्स मर्दों की ज़रूरत नहीं थी, और क्या इसे पूरा करना नारीवाद के हक़ में था? मैं नहीं सोचती कि यह सच है, सैक्स सिर्फ मर्द की माँग या ज़रूरत नहीं है। नारीवादी भी आम औरतों से ज्यादा अलग नहीं होतीं, इसलिए वे ऐसा पूछती हैं।

सैक्स वर्क और यौन शोषण दोनों अलग-अलग बातें हैं। हम अपनी संस्था में सभी सैक्स वर्करों को एक साथ लाते हैं। हो सकता है कि कई औरतें शोषण की वजह से इस धंधे में आई हों। लेकिन जिन औरतों ने इस धंधे में टिके रहने का फैसला किया हो, वही हमारी संस्था का हिस्सा बन सकती हैं। अगर कोई औरत सड़कों पर पाई जाती है, तो संस्था सलाह-मशवरे से यह पता लगाने की कोशिश करती है कि उसने अपनी मर्ज़ी से इस काम को चुना या धोखे से इसमें आई। हम इस धंधे से बाहर जाने वालों की भी मदद करते हैं। वैसे हम उन्हें नौकरियाँ तो नहीं दिलवा सकते, लेकिन घरेलू मुद्दे पर उनकी मदद करते हैं।

सैक्स रैकेट का सैक्स वर्क से कोई लेन-देन नहीं है। रैकेट्स में औरतों को ज़बरन उठाकर बेच दिया जाता है। यह ताकत का नंगा खेल होता है। इस जाल में फँसे आदमी को शारीरिक और मानसिक दोनों तौर पर नहीं बख़्शा जाता।

यौन शोषण का मतलब है कि लोग अपने दिलबहलाव के लिए आपको ले जाते हैं व इस्तेमाल करते हैं। ऐसा अक्सर आपकी मर्ज़ी के बिना नौकरी या काम देने के झूठे वायदे के साथ किया जाता है। सैक्स रैकेट ऐसे नहीं होते। यहाँ तो इतनी बुरी तरह कुचला जाता है कि मुंबई के कोठों से भी बदतर हालात हो जाते हैं। कोठों में चाहे जो भी हो, औरतों की सेहत पर थोड़ा ध्यान तो दिया जाता है। लेकिन यहाँ जवान लड़कियों के साथ बड़ी बेदर्दी से पेश आते हैं, उनके मन व शरीर को बुरी तरह रौंदा जाता है। साथ ही उनके आराम या सेहत की भी बिल्कुल परवाह नहीं की जाती।

इसका मतलब है कि यौन-शोषण और सैक्स रैकेट में फर्क होता है। यौन शोषण सहने वाला व्यक्ति सैक्स वर्कर बन सकता है।

हालांकि हम पुनर्वास के विचार पर ज्यादा ध्यान नहीं देते, लेकिन जो लोग कई वजह से इस काम को छोड़ना चाहते हैं, संस्था उनकी मदद करती है। जब हम इस काम को अपना 'पेशा' कहते हैं, तो इसका मतलब यह नहीं कि हमें हमेशा इसे करने में मज़ा आता है। मिसाल के तौर पर, मकान बनाने वाले को ही लें! कोई भी इस काम को करते समय यह नहीं कहता कि उसे बड़ा मज़ा आ रहा है और धीरे-धीरे बनने वाली इमारत की खूबसूरती सराहने के लिए ही उसने यह काम शुरू किया है। नगरपालिका के लिए सफाई का काम करने वाला पेट भरने के लिए यह काम करता है। सैक्स वर्क, इन दोनों तरह के कामों से थोड़ा ऊपर है। इन दिनों जो लोग मकान बनाने के धंधे में हैं, वे भविष्य के लिए कुछ बचत नहीं कर सकते। अगर सैक्स वर्करों को काम करने की आजादी मिले, तो उन्हें नियमित आय पाने के लिए सप्ताह में सिर्फ तीन दिन काम करना पड़ेगा और उनकी सेहत भी ठीक रहेगी। कोई भी सफाई करने वालों की बहाली की बात नहीं करता, वे भी तो गंदी

जगहों में रहते हैं। क्योंकि सब जगह से कितनी बदबू आएगी। जो लोग छिपकर औरतों को छेड़ते वह धकियाते हैं, वे भी इसी तरह बदबूदार हैं। यह हमारे समाज की सेहत के लिए अच्छा नहीं है।

सैक्स की खरीद?

कुछ लेखक पूछते रहे हैं कि क्या सैक्स एक ऐसा अनुभव नहीं है, जिसे पूरी संवेदनशीलता के साथ महसूस किया जाना चाहिए? क्या इसे बेचा जा सकता है? हमें सिखाया गया है—'ज्ञान का कोष, सबसे बड़ा कोष होता है।' अब अगर हम अध्यापक से कहें कि वह हमें अपने ज्ञान का भण्डार मुफ्त में सौंप दे, तो क्या वह दे देगा? नहीं। उसको अपनी तनख्वाह चाहिए। उसने इसी वजह से पढ़ाने-लिखाने का पेशा अपनाया है। केरल के जाने-माने गायक येशुदास अपने गायन के लिए फीस लेते हैं क्या इसलिए कि संगीत एक आनंद देने वाली कला नहीं है? सैक्स को भी इसी रूप में लेना चाहिए। जिस तरह बाकी कामों से दिक्कतें जुड़ी हैं, उसी तरह सैक्स वर्क में भी थोड़ी परेशानियाँ आती हैं। जिस तरह गायक अपनी आवाज़ और सेहत का ध्यान रखता है, उसी तरह सैक्स वर्कर को भी रखना चाहिए। अगर सैक्स वर्कर अपना मेहनताना मांगता है, तो इसमें कौन-सा पाप है?

'वेश्या' शब्द संस्कृत का है। इसका मतलब हुआ 'वो जो बहकाती है।' यह एक गाली बन गया तो हमें अपने लिए 'सैक्स वर्कर' शब्द तलाशना पड़ा। मेरे विचार से बेइज़्ज़त करने वाले इशारे से ही फर्क पड़ता है, वरना शब्दों का अर्थ तो एक-सा ही होता है।

सैक्स वर्क को सिर्फ सैक्स से ही नहीं जोड़ना चाहिए। कई बार सिर्फ चूमने-पुचकारने के लिए ही सैक्स खरीदा जा सकता है। यह विपरीत लिंगियों की बजाय समलिंगियों में भी हो सकता है। मैं ऐसे कई लोगों को जानती हूँ, जो यही जानने में दिमाग खपा रहे हैं कि लेस्बियन एक-दूसरे के बारे में क्या भावनाएँ रखते हैं? इस तरह के सवाल कभी नहीं पूछे जाने चाहिए। प्यार, देखभाल और आराम का एहसास—इसमें से कितना शारीरिक होता है और कितना मानसिक, इसको परखना बेकार है। मुझे तो उन लोगों पर दया आती है, जो सैक्स में शरीर, मन और समाज की मौजूदगी को किलो के भाव तोलना चाहते हैं। जब हम कहते हैं कि पृथ्वी अपनी धुरी पर घूमती है, यह एक विचार है। अगर कोई इसकी सटीक लंबाई और मोटाई नापने की ज़िद ठान ले, तो उसका क्या करें?

हम अक्सर कहते हैं कि 'आँखों से जानो।' किसी को देखने, छूने और पुचकारने में भी सैक्स होता है। इसके बाद गहरे सैक्स की बारी आती है। ये सब पूरी तरह अलग हैं।

हम संगीत सुनने के लिए टेपरिकॉर्डर और कैसेट खरीदते हैं। हम ही तय करते हैं कि हमें क्या सुनना है? अलग-अलग तरह के सैक्स के साथ भी ऐसा ही है। उन्हें अपने-आप से यह सवाल पूछना चाहिए— 'क्या सैक्स खरीदा जा सकता है?' कोई नहीं कह रहा कि हर किसी को सैक्स ज़रूर खरीदना चाहिए। सिर्फ जिन्हें ज़रूरत हो, वही इसे खरीदें। जब हम कपड़े खरीदने जाते हैं, तो क्या हम कभी पूछते हैं कि उन्हें बेचा जा सकता है? क्या हम कहते हैं कि हमें कपड़े चाहिए, थोड़े दान में दे दो? बस इतना तय होना चाहिए कि सैक्स खरीदने या बेचने को तैयार लोगों पर किसी भी तरह के नियम या कानून न लादे जाएँ।

इसके अलावा यह रोमांस या भक्ति नहीं, जिसकी कीमत नहीं लगाई जा सकती। किसी के साथ कुछ निश्चित समय बिताने के लिए थोड़ा पैसा देना तय किया जाता है। हम लोगों को प्यार और अपनापन देते हैं, जिसकी उन्हें कमी होती है। ये कहने की बजाय कि इसे बेचा नहीं जाना चाहिए; इस बात पर ज़ोर देना चाहिए कि जिन्हें इसकी ज़रूरत न हो, वे इसे न खरीदें। जो ऐसी बातें करते हैं, वे अपनी बारी में ऐसा नहीं कहते; कला मानवता की आत्मा है, वे इसमें खो जाते हैं। क्या ये लोग आत्मा के शरीर से बाहर निकलने के बाद, अपने-आपको कला में मिला देते हैं, उसमें डूब जाते हैं? अगर आत्मा निकल गई, तो शरीर मर जाएगा। इसका मतलब हुआ कि जब आत्मा शरीर के भीतर होती है, तभी वे उसमें डूबते हैं। जिस तरह हम किसी इंजेक्शन से शरीर में कुछ प्रवेश करवाते हैं।

'काँपती कारें'

मेरे ग्राहकों में से कई ऐसे हैं, जो सैक्स के बारे में सलाह लेने आते हैं। उनमें से कुछ जानना चाहते हैं कि अपनी बीवी को खुश कैसे रखें? मैं उनसे कहती हूं कि तजुर्बे से काम लें। मैं कैसे जान सकती हूँ? वे इसे एक-दूसरे से जान सकते हैं। अगर एक आदमी ध्यान दे कि दूसरा शरीर के किन हिस्सों को छूने से अच्छा महसूस करता है, मनाही करता है या चुप रहता है, तभी वह बहुत कुछ समझ लेगा। जब हम किसी बच्चे को अपने साथ बाज़ार ले जाते हैं, तो हम नहीं देखते कि उसका ध्यान किधर है या उसकी आँखें कहाँ टिकी हैं? वे चॉकलेट की ओर देख रहे हैं या लड्डुओं को? ऐसे सवाल पूछने वही लोग आते हैं, जो इन बातों पर ध्यान नहीं दे पाते। कुछ लोगों को तो रिश्तों में एक-दूसरे को जानने-समझने का मौका ही नहीं मिलता।

हम हमेशा यही ज़ोर क्यों देते हैं कि सभी सैक्स से जुड़े रिश्ते पारिवारिक नातों में खत्म होने चाहिए? क्या हमें असली सैक्स के बारे में जानने के लिए पुराने रिश्तों के झूठे पड़ने का इंतज़ार करना होगा? हम यह फैसला क्यों कर लेते हैं कि औरतें

सिर्फ सहने और बच्चे पैदा करने के लिए बनी हैं ? यह मानने में क्या हर्ज है कि लेस्बियन होना परिवार नियोजन ही है। केरल में आमतौर पर गर्भनिरोधक के तौर पर 'परिवार नियोजन' का ही नाम लिया जाता है। इस दुनिया को बहुत से इंसानों की ज़रूरत नहीं है, लेकिन कुछ लोग ब्रह्मा (पैदा करने वाले) बनना ही चाहते हैं, तो उन्हें बनने दो।

सलाह लेने के लिए आनेवालों के साथ अकेले बैठने की जगह भी आसानी से नहीं मिलती। किसी बड़े होटल के फेमिली रूम या पार्क में बैठा जा सकता है। लेकिन अगर सभी जान जाएँ कि आप सैक्स वर्कर हैं, तो यह सब इतना आसान नहीं रह जाता। इससे कई तरह से लूटने की कोशिश की जाती है। जहाँ एक ऑटोरिक्शा में बैठने के दस रुपये लगते हैं, वहाँ आपसे पचहत्तर झटक लिये जाते हैं। अगर किसी होटल में बैठकर बात करना चाहें, तो खाने की मर्ज़ी न होने के बावजूद लगातार कुछ-न-कुछ मँगाना पड़ता है। कई जगह तो वे बिल बढ़ा देते हैं। अगर आपको पार्क में या बस अड्डे पर बात करने का मौका मिल जाए, तो इन बातों की चिंता नहीं करनी पड़ती।

मान लें कि आप सुरक्षा के लिहाज से किसी लॉज में कमरा किराये पर लेना चाहते हैं। आमतौर पर जिस कमरे का किराया डेढ़ सौ होता है, वह आपको छह सौ से कम में नहीं मिलेगा। अगर लोगों के बीच बात करने की आज़ादी मिल सके, तो यह खर्चे काफी हद तक घट सकते हैं। कई लोगों के लिए सैक्स का मतलब होता है— एक-दूसरे से बातचीत करना।

कई लोग इस काम के लिए बस में सफर करते हैं। त्रिश्शूर में लोग 'काँपती कारों' का नाम लेते हैं। इसका मतलब है कि गाड़ी में ही बातचीत व सैक्स करना। हालांकि अधिकारियों ने कारें उठवाने के लिए क्रेन का भी इंतज़ाम रखा हुआ है। अगर किनारे खड़ी कार थोड़ा काँपें, तो इससे किसी को कोई खतरा नहीं हो सकता। इसे आराम से लेने की बजाय लोग राई का पहाड़ बना देते हैं। और अफवाह फैला देते हैं कि 'कार में कोई बम हो सकता है।' बम! सचमुच ऐसे बम, जो हिलते और काँपते हैं।

इन दिनों शहरों में कई ऐसी कारें, वैन और बड़े वाहन हैं, जिनमें खिड़कियों पर पर्दे और दूसरे इंतज़ाम होते हैं, लेकिन वे बहुत महँगे हैं। अगर काँपती कारें किसी अलग जगह पर खड़ी हों, तो इसे मुद्दा बनते देर नहीं लगती। शहर की भीड़-भरी सड़कों पर कोई परेशानी नहीं है।

हाल ही में मुझे कार में एक अलग-सा तजुर्बा हुआ। मैं उस ग्राहक के साथ थी, जो लाख समझाने पर भी कंडोम पहनने के लिए राज़ी नहीं होता था। उस दिन वह उसका इस्तेमाल करने के लिए मान गया। मैंने सोचा कि उसने एड्स जागरूकता

की कक्षा में हिस्सा लिया होगा। लेकिन इसकी वजह बड़ी सादी थी। उसे डर था कि कहीं सीट गंदी न हो जाए।

हम अपने घर को सबसे गुप्त रखना चाहते हैं। लोग यहाँ तक कि वहाँ भी सौदेबाज़ी से बाज़ नहीं आते। कई बार आपसी रज़ामंदी या मर्ज़ी के बावजूद, यौन शोषण होता है।

किसी भी सैक्स वर्कर से पूछें, तो पता चलेगा कि सभी ग्राहक शारीरिक सैक्स की माँग नहीं करते। ज्यादातर ग्राहक बातचीत करने या सलाह लेने आते हैं। शारीरिक सैक्स की माँग वही करते हैं, जिन्हें समाज अपने से दूर धकेल देता है।

अब त्रिशूर के प्रसिद्ध मंदिर त्यौहार, 'पूरम' को ही लें। यह अपनी बढ़िया आतिशबाज़ी के लिए जाना जाता है। हालांकि, यहाँ आतिशबाज़ी के अलावा और भी बहुत कुछ होता है। यहाँ सुबह की पूजा 'शीवेली' के अलावा और भी कई रीति-रिवाज होते हैं। यह सब कुछ आतिशबाज़ी में ही आ जाता है। कई सैक्स वर्करों के ग्राहक आतिशबाज़ी के साथ, धमाके से शुरुआत करते हैं और फिर जल्दी ही लौट जाते हैं।

कई मज़दूर औरतें और नर्सें भी सैक्स वर्क करती हैं। केरल के कई शहरों में मज़दूर औरतें सैक्स वर्क करती हैं। उन्हें काम पाने के लिए सुपरवाइज़र के साथ सोना पड़ता है। अगर वे ऐसा नहीं करेंगी, तो अगले दिन कोई दूसरी उनकी जगह काम कर रही होगी। उनमें से कइयों को जब एहसास होता है कि उन्हें मज़दूरी और सैक्स वर्क एक साथ करने की ज़रूरत नहीं है, तो वे सैक्स वर्क ही करने लगती हैं। मज़दूरी में तो कुछ नहीं मिलता, यहाँ कम-से-कम कमाई तो अच्छी होती है।

पैसा

मैं पैसों के मामले में ज्यादा नहीं उलझती। जो भी दिया जाता है, ले लेती हूँ। मुझे इन रुपयों की वजह से ही तो सैक्स वर्क करना पड़ा। क्योंकि मेरी सास बच्चों के लिए रोज़ पाँच रुपये खर्चा माँगती थी।

उन दिनों मैं इसके अलावा कुछ नहीं कर सकती थी। किराए पर मकान मिलने की कोई आस नहीं थी। मुझे ज़िंदा रहने के लिए कंपनी हाउस का हिस्सा बनकर रहना पड़ा। अपने पति की मौत के एक साल बाद ही मुझे पता चल गया था कि ऐसा नहीं चल सकता। मेरे पिता और भाई को छोड़कर हर मर्द मुझे पाना चाहता था। इसलिए मैंने ज्यादा सोचने-विचारने में वक्त ज़ाया नहीं किया।

यहाँ तक कि इससे पहले भी मैं पैसा कमाने पर काफी ज़ोर देती थी। आमतौर पर सभी सोमवार से शनिवार तक मिट्टी की खान में काम करते। इतवार का काम

फालतू होता था, जब खान में मिट्टी मिलाई जाती थी। उस दिन दुगुनी दिहाड़ी मिलती इसलिए मुझे इतवार को काम पर जाना बेहद पसंद था। मैं उन पैसों से अपने लिए चोली खरीदती। मिट्टी की खान में काम करते-करते चोली की हालत खराब हो जाती। हमें अक्सर फटी या उधड़ी हुई चोली पहननी पड़ती। इसलिए मैं उन पैसों से चोली लेती। फिर बचे पैसों से अपनी छोटी बहनों के लिए मुरब्बा खरीदती। मुझसे छोटी बहन मुझसे आठ साल छोटी थी। मेरी तीन छोटी बहनें थीं। अपने-आपको बच्चों की देखभाल करते हुए देखती, तो मेरे मन को बड़ी शांति मिलती। बाद में मैंने अपने बच्चे की आया को सौ रुपये दिहाड़ी दी। उस समय के हिसाब से रकम काफी बड़ी थी। उन दिनों मैं दो सौ रुपये दिहाड़ी कमाती।

जब मैं मंगलौर में थी, तो मैंने थोड़ी तुलू भाषा सीखी थी और थोड़ी-सी कन्नड़ भी। जब मैं थोड़ी-बहुत तुलू सीख गई, तो कन्नड़ सीखने की ज़रूरत ही नहीं रही। मंगलौर छोड़ने के बाद जब मैंने शाहुलक्का से शादी की, तो हम तमिलनाडु के कई हिस्सों में रहे। मुझे काफी अच्छी तमिल बोलनी आ गई। मलयालम के बाद मैं तमिल भाषा ही सबसे ज्यादा बोलती हूँ। मुझे तमिल बोलने का लहज़ा पसंद है और मैं उसी की नकल करने की कोशिश करती हूँ।

राजीव गाँधी की हत्या की वजह से मैंने तमिल सीखी। मेरे पति ने मुझे खबर पढ़कर सुनाई। मुझे पूरी तरह बात समझ नहीं आई। मेरी बेटी ने भी तमिल सीखी थी। अगर मैं कुछ पूछती, तो वे दोनों साफ-साफ नहीं बताते थे। इसलिए मैंने तय कर लिया कि मैं तमिल सीखूँगी और मैं अपनी बेटी की किताबें लेकर जुट गई।

सैक्स वर्करों में ही कई तरह के लोग होते हैं। इनमें ऊँचे, मध्यम और निचले दर्ज़े के लोग शामिल होते हैं। कुछ लोग दस-पंद्रह रुपये के लिए काम करते हैं, तो कुछ लोग ऐसे भी हैं, जो एक घंटे का हज़ार रुपया लेते हैं।

हम सैक्स वर्करों के बीच ऐसे लोगों को नहीं पहचान सकते, जो इसका पूरा फायदा उठाते हैं। वे अपने-आपको दुनिया की नज़रों से बचाए रखते हैं। इसलिए उन्हें ज्यादा तकलीफ नहीं झेलनी पड़ती। यह हो सकता है कि उन्हें ग्राहकों की वजह से थोड़ी परेशानी उठानी पड़ती है, बस इतना ही! मध्यम दर्ज़े के सैक्स वर्कर कोई दूसरा काम भी साथ में करते हैं। निचले दर्ज़े को सबसे ज्यादा परेशानी उठानी पड़ती है। उन्हें ही पुलिस पकड़ती है और गुंडे पीटते हैं। उन्हें ही जेबकतरने व अपराध करने जैसे गंदे काम करने को मजबूर किया जाता है। अगर कहीं कोई खून हो जाता है, तो उन्हें इसी वजह से जेल में डाल दिया जाता है कि वे उसे जानते थे।

कुछ समय पहले एरनाकुलम नाव जेट्टी पर एक आदमी की हत्या कर दी गई। उसके पास इस्तेमाल किया हुआ कंडोम पड़ा था। इसलिए नाम ले दिया गया कि कोई

सैक्स वर्कर उसके साथ होगी। इसी बहाने से सैक्स वर्करों को निशाना बनाया गया। पुलिस और समाज असली कातिल को पकड़ना नहीं चाहते। सैक्स वर्करों पर इल्ज़ाम लगाना बहुत आसान है। त्रिश्शूर के बाजार में भी ऐसी ही घटना हुई थी।

कोई अपने ग्राहक के साथ कितनी आज़ादी ले सकता है, यह तय करने में कई बातें शामिल होती हैं। कोई किस इलाके से काम कर रहा है, यह काफी अहमियत रखता है। मैंने तकरीबन सभी इलाकों में काम किया है। त्रिश्शूर के के.एस.आर.टी.सी. बस अड्डे के पास खड़े होने वालों को सबसे निचले दर्ज़े का माना जाता है। ज़िला अस्पताल इसके नज़दीक ही है, लेकिन वहाँ ठहरनेवालों से वी.आई.पी. की तरह पेश आया जाता है। अगर आपको बस अड्डे के पास कोई ग्राहक मिल जाए और आप उससे अपने हालात बयान करने लगें, तो वह उसी समय कहेगा कि आप निचले दर्ज़े की होने के बावजूद ऊँचे खानदान की होने का दिखावा कर रही हैं। ज़िला अस्पताल के पास खड़ी औरतों के साथ यही हालात पैदा हो सकते हैं। मुझे अपने कैरियर के दौरान दोनों तरह के तजुर्बे हो चुके हैं। इसलिए मैं इन दोनों जगहों पर मोल-भाव नहीं करती। मैं लोगों को इन जगहों से दूर ले जा कर आराम से बातचीत करती हूँ। मेरा मतलब है कि वे किस तरह का सैक्स चाहेंगे या कितना समय लेंगे, जैसी बातें!

अगर आप स्टैंड के पास खड़े हों, तब तो आपको बिल्कुल ही घटिया माना जाएगा। इससे कोई फर्क नहीं पड़ेगा कि कोई दिखने में कैसा है? इलाके के हिसाब से ही स्टैंडर्ड होता है। अगर आपने गलत जगह चुनी तो बार-बार आने वाला ग्राहक भी इस गलतफहमी का शिकार हो सकता है।

कोई ग्राहक कैसे पेश आएगा? उसके सामाजिक स्तर के हिसाब से भी तय होता है। अगर कोई ग्राहक ऑटोरिक्शा वाला है, तो हम उसके साथ जाते समय अक्सर यही सोचते हैं कि ग्राहक काफी टेढ़ा होगा। लेकिन होता यह है कि ऐसे लोग नरम दिल होते हैं और सैक्स में घिनौनी बातें नहीं करते। हालांकि यह सच है कि ग्राहक को चुनने में ध्यान तो रखना ही पड़ता है। मध्यम दर्जे के लोग शारीरिक सैक्स में पूरा पैसा वसूलना चाहते हैं। लेकिन थोड़े पैसे वाले खासतौर पर युवक; काफी हिंसक और ढीठ होते हैं। वे आप पर हावी होकर वह सब करवा लेते हैं, जो वे चाहते हैं। आप कितना भी अपनापन या प्यार क्यों न दिखाएँ, वे वैसे ही रहते हैं। यही वजह है कि मैं इस उम्र के ग्राहकों के साथ जाने से मना कर देती हूँ।

जब मैंने यह पेशा अपनाया, तब मैं पारंपरिक मलयाली साड़ी 'सेतु मुंडु' पहनती थी। सुनहरे बार्डर वाली साड़ी भड़कीली लगती थी, इसलिए मैं अक्सर काली या लाल बार्डर वाली साड़ी पहनती। लेकिन इन साड़ियों की संभाल; चरक

व इस्त्री करना, काफी झंझट भरा काम था। इस तरह मैं आम साड़ियाँ पहनने लगी। उन दिनों मुझे कभी यह देखने का भी मौका नहीं मिला कि मेरा ब्लाउज़ साड़ी से मेल खाता व नए फैशन का था या नहीं? मैं किसी भी ब्लाउज़ के साथ कोई भी साड़ी पहन लेती। हालांकि मैं ज्यादातर लाल या काले ब्लाउज़ पहनती, जो मेरी सेतुमुंडु साड़ियों के साथ के थे। जब मैंने साड़ियाँ पहनना शुरू किया, तो मैंने तय किया कि मैं रेशमी साड़ियाँ नहीं पहनूँगी। मेरा मानना था कि वे सिर्फ शादी-ब्याह में पहनने के लिए होती हैं। मैं यह भी मानती थी कि अगर मैं नहा-धोकर माथे पर चंदन का टीका लगा लूँ, तो मैं काफी खूबसूरत दिखने लगती हूँ।

मिट्टी की खान में काम के लिए जाते समय मैं लुंगी और ब्लाउज़ पहनती थी। उन दिनों कपड़ों के मामलों में चुनने वाली बात ही नहीं थी। अगर कहीं बाहर जाना है तो सफेद 'मुंडु' पहनो। अगर काम पर जाना है, तो रंगीन या धब्बेदार मुंडु पहनो, बस!

आमतौर पर पति या दलाल ही सैक्स वर्करों को लूटते हैं। इनमें से ज्यादातर दलाल ही होते हैं। चाहे वे कोई काम करें न करें, उन्हें पैसा और शराब देने पड़ते हैं।

हमारी तरह ये लोग भी समाज से नफरत ही पाते हैं। कोझीकोड में इन्हें 'रोपर्स' के नाम से जाना जाता है। 'रोपर्स' 'रोप' (रस्सी) शब्द से बना है यानि दो किनारों को जोड़ने वाला। रस्सी की तरह जोड़नेवाला 'रोपर'।

इन लोगों की वजह से ही सैक्स वर्करों के एक से ज़्यादा बच्चे होते हैं। ज्यादातर सैक्स वर्कर कंडोम इस्तेमाल करती हैं। लेकिन पति का रोल करने वाले इन लोगों के साथ नहीं। ये लोग कभी एक जगह नहीं टिकते। ये आपके साथ एक-दो दिन रहते हैं। फिर कोई दूसरा पति आ जाता है और अपना बच्चा पैदा करने का दबाव देता है। इस तरह सैक्स वर्कर के कई बच्चे पैदा हो जाते हैं।

वैसे तो मकान वगैरह किराए पर लेना हो, तो ये लोग बड़े काम आते हैं। लेकिन कुल मिलाकर ये किसी सिरदर्द से कम नहीं हैं।

मेरे माँ-बाप ऐसे नहीं थे, जो गालियाँ बकते। मैंने अपने घर के पासवाली कालोनी में लोगों को ऐसे बोलते सुना। हालांकि यह पूरी तरह से वाहियात नहीं थी, इसलिए इसे उनके सामने सुना जा सकता था।

मिट्टी की खान में काम करने गई, तो उस मामले में थोड़ी तरक्की हो गई। वहाँ वे दोहरे अर्थों वाली गंदी बातचीत करते, इसलिए सुनने में ज्यादा अश्लील नहीं लगती थी। जब मैं रोजा चेच्ची के साथ त्रिश्शूर पहुँची, तो मैंने वहाँ गंदी गालियाँ और अश्लील बातचीत सुनी। वहाँ सड़कों पर भीख मांगने वाली औरतें और सेक्स वर्कर खुलेआम ऐसी बोली बोलते। हालांकि यह सब अपनी सुरक्षा के लिहाज़ से

किया जाता था। अगर आपको तंग करने वाले लड़के की आँखों में ज़रा भी शर्म होगी, तो अपने माँ-बाप के नाम पर होने वाली गालियों की बौछार सुनकर वहाँ से खिसक जाएगा। लेकिन लड़का भी गुंडा हुआ, तो वह पलटकर उसी बोली में जवाब देगा। ऐसे ही शब्दों की बौछार से तय हो जाता है कि पुलिस वहाँ कदम नहीं रखेगी।

शहर के अंधेरे कोनों में अक्सर ऐसी गंदी बोली सुनने को मिलती है। सिर्फ सैक्स वर्कर ही ऐसे नहीं बोलतीं। तमिलनाडु से काम की तलाश में आए शादीशुदा जोड़े भी ज़बान को हथियार के तौर पर इस्तेमाल करते हैं। उनकी बोली किसी भी शर्मदार इंसान को शर्मिन्दा कर सकती है।

इसका मतलब यह नहीं कि सभी सैक्स वर्कर गंदी भाषा बोलते हैं। हकीकत में ऐसे लोग कम ही होते हैं। लेकिन लोगों के मन में यह गलतफहमी है कि सैक्स वर्कर ऐसी ही होती हैं, वे हमेशा गंदी व अश्लील बोली बोलती हैं।

समाज के ऊँचे दर्जे के कुछ लोगों ने मुझसे कहा है— ''तुम तो बिल्कुल वेश्या नहीं लगती।'' जब घटिया दर्जे के लोग यही बात कहना चाहें, तो वे कहते हैं— ''तुम तो बिल्कुल पेट्टी नहीं लगती।''

मुझे हमेशा से लगता रहा है कि पेट्टी शब्द बहुत अपमानजनक है। यह आपको एक तरह से नीचे धकेल देता है। हालांकि वेश्या से इतना ही पता लगता है कि कोई क्या करता है। जिस तरह हम फसल काटने वाली औरतों को 'रीपर' कहते हैं, उसी तरह कामुक तरीके से बहकाने वाली औरत को 'वेश्या' कहने में कोई बुराई नहीं है। लेकिन 'तट्टी और पेट्टी' जैसे घिनौने और गंदे शब्दों का इस्तेमाल नहीं होना चाहिए।

'पेट्टी' शब्द के बारे में एक चुटकुला याद आ रहा है। वैसे इस शब्द का मतलब होता है 'सामान रखने का बॉक्स'। कोई त्रिश्शूर से गुरुवायूर गया। उसने वहाँ कुछ सामान खरीदा और सामान रखने के लिए उसे एक डिब्बे की ज़रूरत थी। उसने ऑटो रिक्शा को हाथ देकर रोका और कहा—''किसी ऐसी जगह ले चलो, जहाँ से पेटी मिल सके।'' वह आदमी उसे मंदिर के पूर्वी दरवाज़े की ओर ले आया, जहाँ अक्सर हम लोग मँडराते रहते हैं। जिसे पेटी चाहिए थी, उसे दूर-दूर तक कोई दुकान नहीं दिखाई दी, तो उसने पूछा—

''तुमने सड़क पर ऑटो क्यों रोका? मैंने तो तुम्हें किसी दुकान पर ले जाने को कहा था।''

''सर! पेट्टी तो यहीं हैं। आप जो कहेंगे, मैं उसे यहाँ ले आऊँगा।''

''बकवास मत करो, मुझे एक पेटी चाहिए।''

अब तो ऑटो वाला भी बौखला गया और बोला—

''सर! सच बताओ, आपको क्या चाहिए?''

''मैंने काफी सामान खरीद लिया है और उसे रखने के लिए एक पेटी या डिब्बा चाहिए।''

ऑटो वाले का चेहरा शर्म से लाल हो गया। उसने ही यह पूरी कहानी मुझे सुनाई थी।

जब पुलिस ने मुत्तंग आदिवासियों पर गोलियाँ चलाईं, तो '*मननतावडी*' में इसके खिलाफ बहुत बड़ा सम्मेलन हुआ। मैंने भी उसमें हिस्सा लिया। मैं वहाँ गई, क्योंकि मुझे बुलवाया गया था। जब मुझे स्टेज पर बोलने के लिए पुकारा गया, तो एक जवान लड़की माइक पर आकर बोली कि जानु और सैक्स वर्कर को एक जैसा आदर नहीं दिया जाना चाहिए। सी.के. जानु, केरल के आदिवासी संघर्ष की महिला नेता हैं। यह साफ था कि किसी ने उसे ऐसा बोलने को उकसाया था। मैं उस हालात में परेशानी की वजह नहीं बनना चाहती थी, इसलिए मैंने खड़े होकर कह दिया कि मैं अपनी बात नहीं कहूँगी। इस तजुर्बे से मुझे एहसास हुआ कि ऊँचे दर्जे के राजनीतिक कार्यकर्त्ता भी हमारे लिए मन में बैर रखते हैं। इसी घटना के दौरान पुलिस ने लाठी चार्ज किया। अगले दिन पूरे राज्य में हड़ताल हो गई, जिससे मेरी वापसी मुश्किल हो गई। मैं किसी तरीके से शाम तक कोझेकोड पहुँची। जो लोग हमारे साथ थे, वे अपने दोस्तों के घर चले गए। मैं और महिला संगठन 'सखी' की कार्यकर्ता रह गए। हम दूसरे महिला संगठन 'अन्वेषी' के आफिस में ठहरे। वह औरत काफी बेचैन रही। वह सारी रात पलक तक नहीं झपका सकी। अगली सुबह मुझे इसकी वजह पता चली। उसे डर था कि मैं एक सैक्स वर्कर हूँ, अगर वह गहरी नींद में सो गई, तो मैं उसका तिरुअनंतपुरम तक जाने का किराया झपट लूँगी।

ज्वालामुखी पी.एस.एच. प्रोजेक्ट ऑफिस में शुरू हुआ था। जब दो साल बाद प्रोजेक्ट खत्म हुआ, तो हमारी संस्था का काम भी रुक गया। फिर हमने एरनाकुलम और तिरुअनंतपुरम में अपने ऑफिस खोले।

ऑफिस के लिए जगह तलाशना आसान नहीं था। लोग पी.एस.एच. प्रोजेक्ट के लिए भी इमारत किराए पर नहीं देते थे। मैत्रेयन को जगह की तलाश में काफी भटकना पड़ा। आखिर में उसने जगह की तलाश में अपने जानकारों की मदद ली। हमारे लिए तो अमीर और गरीब दोनों ने ही इस मामले में रुखाई बरती। मैत्रेयन ने तिरुअनंतपुरम की दलित कालोनी के पास ही एक जगह किराए पर ली, ताकि सड़कों पर मारी-मारी फिरने वाली सैक्स वर्करों को सुस्ताने की जगह मिले। लेकिन ऐसा लंबे समय तक नहीं चल सका। गरीब हमें अमीरों से बेहतर समझते हैं। यह सोच भी गलत

निकली। वहाँ डर यही था कि सभी सांवली औरतों को सैक्स वर्कर माना जा सकता था। इसलिए हमें किसी अच्छे मुहल्ले में जाने की सलाह दी गई। हमें बताया गया कि किसी अच्छी जगह जाने से यह परेशानी नहीं होगी, तो हमने वह जगह छोड़ दी।

पॉलसन की जान-पहचान से ही कोझीकोड में संस्था के लिए इमारत मिली। उसका एक रिश्तेदार पुलिसवाला था, उसकी वजह से पुलिस की दखलंदाज़ी काफी घट गई थी।

'ज्वालामुखी' में आपसी जान-पहचान की बजाय सामुदायिक भावना ज्यादा अहमियत रखती थी। हम सब लोग अलग-अलग जगह से थे और पी.एस.एच. प्रोजेक्ट पर आश्रित थे। 'ज्वालामुखी' ज्यादा प्रजातांत्रिक थी।

मेरी पहली डॉक्यूमेंट्री थी 'ज्वालामुखीकल'। दूसरी थी निशब्दरक्कपेट्टावरीलीकु ओरेट्टीनोटम (ए ग्लिंप्स ऑफ द साइलेंस्ड) यह पुलिस के जुल्मों पर भी थी। सैक्स वर्करों के तजुबों के अलावा इसमें वकील, डॉक्टर, पुलिस व ऑटोरिक्शा चलाने वालों के इंटरव्यू भी थे। सात औरतों और पाँच आदमियों का इंटरव्यू लिया गया। मैंने ही सारे सवाल पूछे।

जब मैं थाईलैंड से लौटी, तो हमने सैक्स वर्करों के लिए कैमरा वर्कशाप आयोजित किए। मुझे सजीता, रेशमा, गोप कुमार और दूसरे लोगों ने मदद की।

थाईलैंड के बाद एशियन कल्चरल सोसायटी ने तिरुअनंतपुरम में मेरी डॉक्यूमेंट्री दिखाई। मुंबई में सैक्सुअल माइनॉरिटी के अंतर्राष्ट्रीय फिल्म फेस्टीवल में भी उसे दिखाया गया।

वहाँ मुझे डॉक्यूमेंट्री का निर्देशक होने के नाते वी.आई.पी. की तरह रखा गया। मुझे टी.वी. चैनल एशिया नेट के न्यूज ऑवर में भी मेहमान के तौर पर बुलाया गया था, इसे तिरुअनंतपुरम में दिखाया गया।

अब मैं अलग से एक फीचर फिल्म बनाना चाहती हूँ। अगर मन उदास हो, तो मैं अकेले पीना पसंद करती हूँ। लेकिन अगर मन खुश हो, तो मुझे किसी के साथ पीना पसंद है। तब मुझे बहस करने और अपनी बात कहने का मौका मिल जाता है।

मैंने सुब्रेट्टन के साथ पीना शुरू किया और काफी ज्यादा पीने लगी। जब हम शराब बेचते थे, तो मैं कई पियक्कड़ों से मिली। मैंने देखा कि कई लोग नशे में धुत्त होने के बाद अपने घरवालों के लिए ज्यादा ही प्यार उंडेलने लगते। वहाँ एक लड़का आता था, जो मुझे अच्छा लगने लगा था। वह कभी भी हल्की छेड़छाड़ से आगे नहीं बढ़ पाया। एक वक्त था, जब मैं उसे चाहती थी।

यहाँ तक कि ज़बरदस्त गुंडा मनाली परमेश्वरन भी सुब्रेट्टन से डरता था। वह आता, चुपचाप अपना प्याला पीता और लौट जाता।

हालांकि मैं रोज़ शराब पीने लगी, लेकिन मैं कभी उसकी गुलाम नहीं बनी। मैं इस लत को इतना ऊपर नहीं ले गई कि शराब न पीने से मेरा सिर दुखने लगे। खाने, पीने, सोने, रहने और घूमने में मैंने हमेशा ऐसी आदतें अपनाईं, जिनके बिना भी मेरा गुज़ारा हो सके।

इन दिनों मुझे कई लोग कहते हैं कि मैं शराब पीना छोड़ दूँ। मैंने कई खास लोगों से वादा भी किया कि मैं यह आदत छोड़ दूँगी। लेकिन मैं उनके लिए पीना नहीं छोड़ सकती।

यह सोचना गलत है कि किसी को संस्था के लिए काम करते समय अपनी खुशी या आनंद को नकार देना चाहिए। कई लोग कहते हैं कि मैं पैसा कमाती हूँ, इसलिए मैं लापरवाह हूँ। यही वजह है कि मैं आलसी हूँ। बलिदान या त्याग की कोई ज़रूरत नहीं। सभी काम किए जा सकते हैं। हम अपने ही आलस में उलझे रहते हैं, यही मान लेते हैं कि हम इतना ही कर सकते हैं और कुछ नहीं कर सकते।

2003 में, हमने तिरुअनंतपुरम में 'फैस्टीवल ऑफ प्लेजर' का आयोजन किया और लोगों का ध्यान इस ओर गया। उन्हीं दिनों मुटांगा पर पुलिस की गोलीबारी वाली घटना हुई थी। हमने अपने कार्यक्रम का नाम 'फेस्टीवल ऑफ नो प्लेजर' रख दिया। इसमें पूरे देश के सैक्स वर्कर, हिजड़ों व समलिंगियों ने हिस्सा लिया। चौदह विदेशी देशों के भागीदार अपने-अपने खर्चे पर पहुँचे। हमने विदेशी एजेंसियों से मिलने वाले फंड की मनाही करके जनता से मदद ली। कांफ्रेस के पास खुले में ही यह इंतज़ाम हुआ।

इस घटना से एक विवाद भी पैदा हो गया। कई लोगों ने इल्ज़ाम लगाया कि मध्यम दर्जे के बुद्धिजीवियों ने इसका आयोजन किया था। यह कार्यक्रम एक समुदाय की तरह मिलन था। कुछ लोगों ने इस बारे में हमारी मदद भी की। मैत्रेयन ने ई-मेल भेजने और अंग्रेजी में ड्राफ्ट बनाने में मदद की। क्या इसका मतलब हुआ कि उसने हमें सैक्स वर्क सिखाया? क्या मैं उससे मिलने से पहले सैक्स वर्कर नहीं थी? हमने वहाँ सैक्स वर्क को आनंद में नहीं बदला। यह सैक्स वर्कर और गैर-सैक्स वर्करों को एक ही मंच पर लाने का आनंद या 'प्लेज़र' था। हमें हमेशा समाज से बाहर निकाला गया। एक ऐसी जगह, जहाँ हम भी दूसरों के साथ अपने विचार बाँट सकें, हमने वहाँ इसी का पूरा आंनद लिया।

इस तरह की शिकायतें करने वाले लोग वही होते हैं, जो सिर्फ अपने लिए ही सब कुछ चाहते हैं। जैसे केवल वही ऐसी बातें सोच सकते हैं या कर सकते हैं।

सैक्स वर्कर अच्छे पढ़े-लिखे लोगों के साथ भी हमबिस्तर होती आई हैं। वे उनके जैसी भाषा बोल सकती हैं, उनके जैसे काम कर सकती हैं। हमने भी पढ़े-लिखे लोगों से थोड़ा ज्ञान लिया है। सैक्स वर्कर न केवल कर्मचारियों बल्कि व्यापारियों और पुलिसवालों के साथ भी हमबिस्तर होती हैं। सैक्स वर्कर के घरों में सैक्स वर्कर ही पैदा नहीं होतीं। इस धंधे में आने वाली ऐसी औरतें होती हैं, जो हायर सेकेंडरी के पेपरों में फेल होने, नौकरी न मिलने, पचास हज़ार की जगह तीस हज़ार का दहेज देने पर पति के हाथों धक्का खाने की वजह से यहाँ तक पहुँचती हैं। हममें से कई तो स्कूलों की अध्यापिकाएँ भी हैं। उन्हें इससे अधिक क्या सिखाया जा सकता है।

☆

पी.एस.एच. प्रोजेक्ट के बाद ही 'पिक-अप प्वाईंट'शब्द का इस्तेमाल होने लगा। जब हम इस प्रोजेक्ट का एक हिस्सा बने, तो हमें 'कंडोम टीचर' कहा जाने लगा। बंगलादेश कालोनी में बनी 'वूमन सोसायटी' को 'चैरिटेबल सोसायटी एक्ट' में रजिस्टर किया गया। इसमें सिर्फ सैक्स वर्कर शामिल हैं। यह सैक्स स्वास्थ्य जागरूकता कार्यक्रम चलाती है, मुफ्त कंडोम बाँटती है और सेहत से जुड़े मुद्दों पर ध्यान देती है। सैक्स वर्करों को पढ़ानेवालों को काफी वेतन दिया जाता है। ग्राहकों ने कंडोम पहनने से इनकार कर दिया, इससे काफी मुश्किल हुई। हमने कंडोम के इस्तेमाल के बारे में जो जाकरूकता फैलाई, इसी वजह से हमें 'कंडोम टीचर' कहा जाने लगा।

☆

मैं पहली बार मंगलौर में एक ऐसे आदमी से मिली, जो मर्द ग्राहकों का इंतज़ार कर रहा था। ऐसा लगा कि मैं किसी दूसरे ग्रह के इंसान को देख रही थी। यह आज से सताईस साल पहले की बात है। सुलेमान औरतों की तरह मेकअप करता था, वह औरत सैक्स वर्करों का दलाल भी था। जब मैं उससे एक दलाल के तौर पर मिली तो पता चला कि उसके जैसे और भी कई थे।

अब मैं ऐसे कई लोगों को जानती हूँ, जो इस काम का हिस्सा हैं। आजकल केरल में ही औरत सैक्स वर्करों के मुकाबले मर्द सैक्स वर्कर गिनती में कहीं ज्यादा हैं।

7

आदमी, तब और अब

मेरे ज़्यादातर ग्राहक मेरे पास सलाह लेने क्यों आते हैं, इसकी भी एक खास वजह है। हममें से बहुत कम ऐसे हैं, जो ग्राहक के साथ लंबे समय तक बातचीत करना चाहें। लेकिन मैं किसी ग्राहक को परेशान देखती हूँ, तो उससे पूछ लेती हूँ कि उसकी परेशानी क्या है? कई लोग कमरे में जाने के बाद सैक्स करना ही नहीं चाहते। वे हमसे हमारी आदतों और ज़िंदगी के बारे में पूछने लगते थे। इस तरह हमारे बीच बातचीत का सिलसिला चल निकलता। तब मैं उनसे पूछती कि उनकी पेरशानी क्या है? धीरे-धीरे मेरे पास ऐसे ग्राहक ज्यादा आने लगे, जो बातचीत करना चाहते थे। कई लोग आकर कहते, मेरे दोस्त ने बताया कि चेच्ची से सलाह मिल सकती है। ये अक्सर वही मर्द होते हैं, जिनकी शादी होने वाली होती है या जिनकी शादी टूट जाती है। यही दो तरह के मर्द सलाह लेने आते हैं।

कई चालीस की उम्र के आस-पास वाले मर्द भी अपनी शादीशुदा ज़िंदगी की दिक्कतें लेकर मेरे पास आते हैं। उनमें से एक आदमी ने बताया कि वह अपनी बीवी को बहुत प्यार करता है। उसके साथ कपड़े धोता है, बर्तन मंजवाता है लेकिन फिर भी वह रात को उसके साथ सोना नहीं चाहती। इन मामलों में मैं उन्हें खोलकर पूरी बात बताने को कहती हूँ ताकि उनके आपसी रिश्ते में आने वाली इस दरार की वजह खोज सकूँ। ऐसे मामलों में औरतें ऐसा मर्द चाहती हैं, जो सैक्स का काफी तजुर्बा रखता हो। अगर वे अपने पति को इस बारे में कहती भी हैं, तो वह कभी नहीं मानता। उल्टे पूछता है:—'तुमने यह सब कहाँ से सीखा?' इसलिए पत्नी चाहकर भी उसे उसकी गलती या कमी नहीं बता सकती। अगर वह नहीं जानता, तो वह उस बारे में पूछता भी नहीं है।

मुझे एक और मज़ेदार तजुर्बा हुआ। एक बार मेरे पास एक आदमी राय लेने आया। उसने मुझे बताया कि उसकी उम्र बयालीस के करीब थी। छब्बीस साल की

उम्र में उसकी शादी हुई। इसलिए मैंने पूछा ''इतने समय से तुम क्या कर रहे थे?''

उसने जवाब दिया:—''कोई अपनी ही बीवी से ऐसी बातें पूछता है क्या?''

एड्स जागरूकता कार्यक्रमों के बाद लोग नई समस्याओं से घिर गए। वे कहते—''हम सेफ सैक्स के बारे में सुनते रहते हैं। यह क्या है? क्या कंडोम के अलावा कुछ और भी इस्तेमाल कर सकते हैं?'' वैसे हमारे समाज में लोगों का यही मानना है कि सैक्स धमाकेदार तरीके से पूरा होना चाहिए! कई कहते हैं कि मैं तो पहले ही संतुष्ट हो जाता हूँ, लेकिन मेरी बीवी नहीं मानती। अगर उनकी बीवियों से पूछें, तो वे बिल्कुल उल्टा जवाब देती हैं। लोग जानते तक नहीं कि उनकी परेशानी कहाँ शुरू होती है और कहाँ खत्म होती है और क्या सचमुच इसकी कोई शुरुआत या आखीर है भी या नहीं?

अगर मेरी सलाह काम कर जाए, तो कई लोग इस बारे में बताने भी आते हैं। शोरनूर का एक लड़का था। उस समय वह करीब तीसेक साल का रहा होगा। उसने यह सारे सबक मुझसे ही सीखे। फिर वह एक दिन मेरे पास आकर बोला-: 'चेच्ची! जब कभी मैं आपको मिलूँ, तो ऐसे बर्ताव करना, जैसे हम एक-दूसरे को जानते तक नहीं।' साफ है कि उसके और उसकी बीवी के बीच सब कुछ पहले जैसा हो गया था।

एक प्रकाशन नाम का आदमी था। जब मैंने उसे बताया कि मैं एक किताब लिखने जा रही हूँ, तो उसने इसरार किया कि मैं उसका नाम भी शामिल करूँ। वह एक पैसे वाला आदमी है और होटल का मैनेजर है। उसकी पहली बीबी उसे छोड़ गई, क्योंकि वह अपनी शादीशुदा जिंदगी से खुश नहीं थी। वह अपनी दूसरी शादी तय होने के बाद मुझसे मिला। वह अपनी पहली पत्नी को बेहद चाहता था, लेकिन रोज़ रात को बिस्तर में उनकी लड़ाई हो जाती। जब मैंने उससे काफी लंबी बातचीत की, तो उसने कहा कि मैं किताब में उसका भी ज़िक्र करूँ।

कोल्लम का रहने वाला एक आदमी था। वह माता अमृतानंदमयी का पड़ोसी था। वह उनसे मिलना तो चाहता था, लेकिन पड़ोसी होने के नाते उसे यही लगता था कि उनके पास कोई चमत्कारी शक्ति नहीं है। इसलिए वह मेरे पास आया। मेरे साथ बात करने के बाद उसे लगने लगा कि हो-न-हो मेरे पास भी कोई दैवी ताकत है। ज़रा सोचें! सिर्फ इसलिए कि अमृतानंदमयी उसके पड़ोस में रहती थीं। उसने मुझे भी देवी बना दिया। कैसी बेसिर-पैर की उड़ान है!

इन लोगों में से बहुत कम लोग मेरे पास अचानक आए। ज्यादातर लोग किसी चेच्ची के बारे में सुनने के बाद ही मुझ तक पहुँचे। मैं आपको उन लोगों के बारे में बता चुकी हूँ जो हमारे साथ बसों में सफर करना चाहते हैं। उनमें से कुछ तो इतना

डरते हैं कि अगर वे किसी सैक्स वर्कर के साथ अकेले कमरे में गए, तो वे उनके साथ ज़ोर-जबरदस्ती पर उतर आएँगी।

मेरा अशोकन से कुछ अलग ही तरह का रिश्ता था। वह त्रिशूर के चेट्टी चांगदी इलाके में होटल चलाता था। रात को उसके होटल में जुए का अड्डा खुल जाता। जब होटल के एक हिस्से में उसके दोस्तों का जुआ चलता, तो वह दूसरे हिस्से में मेरे साथ होता। बाद में मुझे किसी से पता चला कि उसने खुदकुशी कर ली।

जब मैं त्रिशूर में अमला के पास रहती थी, तो इब्राहिम नाम का आदमी अपनी मारुति ज़ेन में मुझे घर ले जाता। उस समय उसके बीवी-बच्चे भी घर पर होते। वह मुझे कार में ही छोड़कर शटर उठाता और गाड़ी अंदर खड़ी करके चला जाता। जब सभी सो जाते, तो वह आधी रात के करीब बेहिचक आता। फिर तीन बजे के करीब वह मुझे कार में घर छोड़ देता।

अम्बालूर का एक लॉरी ड्राईवर परामु अपनी मर्दानगी दिखाने के लिए मुझे लॉरी में बिठाता और शहर के बीचोंबीच घुमाने ले जाता।

हाल ही में मैं एक मेडीकल प्रतिनिधि से मिल। कीड़े जैसी आँखें, गंजे सिर पर इधर-उधर मंडराते दो-चार बाल, एक बाजू में बड़ा-सा ब्रेसलेट, एक घड़ी और लाल धागा—बस पूरा जोकर! मलयालम फिल्म 'सनमनसुल्लुवरक्कू समाधानम्' के पुलिसवाले के शानदार गधे जैसा। वह दिखावा ऐसा करता, मानो बहुत बड़ा तीसमारखाँ हो। वह उन लोगों में से था, जो ट्रेवल सैक्स पसंद करते हैं, लक्जरी बस में सफर करते समय छूना, भींचना और थोड़ी-बहुत बातचीत—उनके लिए यही काफी होता है। अगर वह गाड़ी में हो, तो बेहतर तरीके से चूमने व गले से लगाने की थोड़ी छूट मिल जाती है।

मैं इस आदमी से करीब पाँच-छह महीने पहले त्रिशूर में मिली। उन दिनों हाथ थोड़ा तंग था। मैंने रेलवे स्टेशन का एक चक्कर लगाया और बस अड्डे पर आ गई तभी वह मेरे पास आया और बोला—'इस बस में बैठो।' हमने उस समय तक पैसे तय नहीं किए थे, इसलिए मैं वहीं घूमती रही। तभी वहाँ दूसरा आदमी आ गया और मुझसे इस तरह बातें करने लगा, मानो कोई पुराना दोस्त हो। मैंने देखा कि यह कोई चालबाज़ था, ऐसे लोग पैसों का नाम आते ही रफूचक्कर हो जाते हैं या तमाशा करते हैं। मैं टॉयलेट का बहाना करके वहाँ से खिसक गई। जब लौटी, तो पहले वाला आदमी वहीं खड़ा था। उसने पूछा कि क्या मैं उसके साथ एरनाकुलम तक चलूंगी? मैंने पूछा—'दोगे क्या?' उसने पूछा कि क्या चाहती हो? मैंने कहा— 'तीन सौ लूंगी।' उसने कहा—'अभी ले लो।' फिर वह वहाँ से चला गया। मैं वहीं

खड़ी-खड़ी हैरान होती रही कि वह तीन सौ रुपये कहाँ से लेने गया है। बाद में पता चला कि वह सूटकेस में से रुपये निकालने गया था।

फिर हम दोनों बस में जा बैठे। उसकी ओर से कोई हलचल नहीं हुई। वह सारे रास्ते एक अच्छे बच्चे की तरह बैठा रहा। उसने कहा—'नींद आ रही है, तो सो जाओ।' थोड़ी देर बाद उसने तीन सौ रुपये निकाले और मुझे थमा दिए। इसी दौरान मेरे फोन की घंटी बजी। जब मैंने बात कर ली, तो उसने मेरा नंबर लेकर रख लिया।

जब हम उतरे, वह कुछ दूरी तक गया, फिर मुड़कर मेरी ओर देखा। शायद उसने सोचा कि मैं उसके साथ जाऊँगी। वह मेरे पास आकर बोला—'अपने खाने-पीने का ध्यान रखना, ठीक है।' मैंने मन-ही-मन कहा : मैं तुम्हारे पैसे से जो जी में आए, वही करूँगी। फिर उसने एक और सौ का नोट निकालकर मोड़ा और मुझे दे दिया। फिर वह थोड़ी दूर गया, वापस मुड़कर आया, मुझे सिर से पाँव तक निहारा और सीधा चला गया।

जब मैंने उसे इस किताब के बारे में बताया तो उसने कहा कि मैं उसके नाम को छोड़कर पहली मुलाकात के बारे में सब कुछ लिखूँ।

पहले समय में ग्राहक चाहते थे कि हम उनकी बीवी होने का दिखावा करें। वे चाहते थे कि हम उनका तौलिया धोएँ, साबुन से उनके हाथ धुलवाएँ; उनका सूटकेस उठाकर पीछे-पीछे चलें—लेकिन अगर सूटकेस में कोई कीमती सामान होता, तो उन्हें यही डर रहता कि हम सामान लेकर चंपत न हो जाएँ। इसलिए वे बार-बार मुड़कर हमें देखते, तेज़ी से कदम बढ़ाने को कहते और कहते कि हम दूसरे लोगों की बातों में न आएँ। मुझे यह सब मज़ेदार लगता था। जरा सोचें कि आपने खुद ही किसी को अपना सामान पकड़ाया है और फिर यही सोच-सोच कर अधमरे हो रहे हैं कि कहीं वो भाग न जाए।

हमेशा उनके दिमाग में यही चिंता रहती थी कि कहीं हम गायब न हो जाएँ। हालांकि वह सैक्स मेरी पसंद का हो या न हो, मुझे ऐसे सफर में बड़ा मज़ा आता था। चाहे आप ऐसे आदमी के साथ हज़ारों बार क्यों न गए हों; उनके रवैए में कभी बदलाव नहीं आता। उन्हें लगता : 'मैं तो पढ़ा-लिखा इज़्ज़दार आदमी हूँ और यह एक रंडी है।' उन्हें कभी महसूस ही नहीं होता था कि वे भी तो ग्राहक हैं। जब यही रवैया झेलना भारी पड़ने लगा, तभी मैंने सैक्स वर्क छोड़कर घरेलू औरत बनने का फैसला किया। इस मामले में अच्छे और बुरे ग्राहकों में कोई खास फर्क नहीं होता।

उन दिनों रात को बस-अड्डे या रेलवे स्टेशन के आस-पास टिकना मुमकिन नहीं था। वे मर्द जानते थे कि औरतों को इसी वजह से हर बात के लिए राज़ी कर सकते थे। पुलिस नहीं सोचती थी कि सैक्स वर्करों के मामले में टाँग अड़ाना उसका

काम है। हमें लोगों के बीच घेरना या पीटना आसान था। अगर कोई के एस.आर.टी.सी. स्टेशन से किसी औरत को ज़बरन ले जाता, तो कोई कुछ न पूछता। आजकल हालात थोड़े बदल गए हैं। पुलिस थोड़ा दखल देने लगी है। हालांकि वह भी औरतों को बचाने के लिए नहीं; अपनी ताकत दिखाने या अपने-आपको सबका रखवाला दिखाने के लिए होता है।

मेरी जवानी कि दिनों में मर्दों के पास थोड़े हक होते थे। वे औरतों के शरीर को छू कर महसूस कर सकते थे। आस-पास से सटकर गुज़रने या थोड़ा-बहुत चूमने से ज़्यादा कुछ नहीं होता था। यह सब इससे आगे न जाता और अचानक सोने के कमरे तक पहुँच जाता। आजकल का नज़रिया यह है कि औरत को किसी भी रूप में इस्तेमाल किया जा सकता है।

उम्र का कोई ख्याल नहीं रहा। मैं अक्सर माँ से पूछती कि उसे अकेले सफर करने में परेशानी तो नहीं होती थी। माँ कहती—'बिटिया! माँ तो बूढ़ी हो गई है।' उस समय उसकी उम्र चालीस-पैंतालीस के करीब थी और वह काफी खूबसूरत भी थी। उस समय के मुकाबले में मैं आज बावन साल की होने के बावजूद सुरक्षित नहीं हूं। मैं कहीं भी जाऊँ, हर उम्र के मर्द मुझे पुचकारते हैं। आज से पच्चीस साल पहले के मुकाबले, आजकल मर्द ज़्यादा ऊधमी हो गए हैं। एक बार मैं गुरुवायूर में बस में जा रही थी। मुझे महसूस हुआ कि पीछे से कोई मुझे सहला रहा था। जब उसने मुझे चिकोटी भरनी शुरू कर दी, तो मैंने पीछे मुड़कर देखा—एक इज़्ज़दार शरीफ आदमी खड़ा था, जिसके चेहरे पर बड़ी-बड़ी मूँछें थीं। मैं ज़ोर से बोली : 'मुझे बार-बार यहाँ थपथपाने की तकलीफ न करें। बताइए, आप कहाँ जाना चाहेंगे? वहाँ, जहाँ जी में आए, मुझे छू लेना।' उसका चेहरा पीला पड़ गया और वह दुष्टता से मुस्कुराकर पीछे हट गया।

मुझे पहली बार थाईलैंड जाते समय एहसास हुआ कि जहाज़ पर भी काफी हद तक हालात वैसे ही थे। मैं अपनी पहली उड़ान के रोमांच में खोई थी कि पड़ोस में बैठे आदमी की अँगुलियाँ हरकत करने लगीं। वह पूरी तरह कंबल से ढंका था। पहले मैंने सोचा कि ऐसा गलती से हुआ है। लेकिन जब उसने दोबारा ऐसा किया, तो मुझे समझ आया कि उसे क्या बीमारी थी। मैंने सख्ती से उसकी बाजु पकड़ी और दूसरी ओर घुमा दी। समय काफी तेज़ी से बदला है। लेकिन अब भी कोई औरतों को अपना दोस्त नहीं मानता और न ही औरतों से यह उम्मीद रखी जाती है कि वे किसी से सैक्स की माँग रख सकती हैं। वे इसे इस तरह लेते हैं कि वे किसी भी औरत से, कुछ भी कर सकते हैं।

मैं अपना कोई भी ग्राहक चुनने से पहले उसकी उम्र ज़रूर देख लेती हूँ। मैं

बहुत कम उम्र के लोगों से सैक्स करने से कतराती हूँ। मुझसे दस साल कम, बस उससे ज्यादा नहीं होना चाहिए। अगर आप किसी को बत्तीस साल का समझकर साथ जाते हैं, तो बाद में पता चलता है कि उसकी उम्र उससे भी कम है। हाल ही में ऐसा ही कुछ हुआ। एक चौबीस साल का आदमी मुझे ले गया। वह इससे बड़ा ही लगता था। जब हम वहाँ पहुँचे, तो उसने पूछा—'चेच्ची! तुम कितने साल की हो?'

मैंने कहा : 'अड़तालीस।' तब उसने बताया कि उसकी उम्र कुल तेईस साल थी। मैंने ध्यान दिया कि मेरी उम्र सुनने के बाद भी वह ज़रा भी नहीं झेंपा। पहले अगर कोई इक्कतीस साल का मर्द किसी पैंतीस साल की औरत को ले जाता, तो उम्र पता चलते ही हाथ खड़े कर देता कि उसे तो जवान औरत चाहिए। उन दिनों हम हमेशा अपनी उम्र एकाध साल घटाकर ही बताते थे। अब हम चाहे अपनी दुगुनी उम्र ही क्यों न बताएँ, उससे कोई फर्क नहीं पड़ता। पहले कोई मर्द किसी हमउम्र औरत को ही बस में साथ ले जाना पसंद करता था। सबसे बड़ी बात यही थी कि वह औरत उसकी बीवी लगे। अब इसकी कोई ज़रूरत नहीं रही।

आजकल ज़्यादातर लोग बड़ी उम्र की औरत चाहते हैं। आजकल मर्द सैक्स के बारे में बात करना चाहते हैं। पहले-पहल ऐसा नहीं था। बातचीत तो बहुत कम होती थी। आप कहीं जाएँ, अपने कपड़े उतारें और बस काम निपटाकर लौट आएँ!

मर्दों में एक बदलाव यह भी आया है कि वे ब्लू फिल्में देखने के बाद काफी तैयारी से आते हैं। वे सोचते हैं कि मर्द आधे-आधे घंटे तक लगातार कर सकते हैं। वे बताते भी हैं कि उन्होंने किसी फिल्म में एक आदमी को काफी समय तक ऐसा करते देखा था। खैर! यह उन लोगों की गलती नहीं, हमारी ही नासमझी है। अक्सर अधेड़ ही ऐसी बेवकूफ़ाना बातें करते हैं। जवान लड़के इतने बुरे नहीं हैं।

□□□

9 788170 287339